Silja Bembé

# Weihnachten

## in der 3. und 4. Klasse

Didaktische Begleitung: Akad. Dir. Dr. Wolfgang Alberts
(Institut für Grundschulpädagogik, Universität Koblenz-Landau)

Materialien für den Unterricht
Hase und Igel®

www.hase-und-igel.de
Illustrationen: Sabine Scholbeck und Petra Müller
Druck: Himmer AG, Augsburg

ISBN 978-3-86760-801-5
4. Auflage 2012

# Vorwort

An Advent und Weihnachten knüpfen sich für fast jeden Menschen unterschiedliche Erinnerungen, Gewohnheiten und Erwartungen. Auch den meisten Kindern der 3. oder 4. Klasse sind bereits widersprüchliche Weihnachtsgefühle begegnet: Sei es durch den eindringlichen Appell der Eltern, dass es am Heiligen Abend nicht allein auf die Geschenke ankomme, durch die Ablehnung feierlicher Rituale von älteren Geschwistern oder durch die eigene Feststellung, dass die Vorweihnachtszeit nicht ausschließlich von Besinnlichkeit und freudiger Erwartung, sondern auch von Stress, Hektik und Konsum geprägt ist.

In der Schule besteht im Advent die Möglichkeit, ruhige Phasen für die Kinder gezielt einzuplanen. Dieser Band liefert zahlreiche Unterrichtsvorschläge und Materialien, um solche Phasen – in doppelter Hinsicht – „sinnvoll" zu gestalten. Er bietet ihnen Hilfestellungen und Anregungen,

- sich der Advents- und Weihnachtszeit wieder staunend zu nähern.
- Advent und Weihnachten mit allen Sinnen zu erleben.
- sich aus der vorweihnachtlichen Hektik bewusst zu befreien.
- den Sinngehalt des Weihnachtsfests, der sich in Bräuchen, Ritualen und Symbolen zeigt, durch das gemeinsame Feiern in der Schule neu erfahrbar zu machen.

Der Band besteht aus fünf Teilen, die flexibel und unabhängig voneinander einsetzbar sind. Querverweise zwischen den einzelnen Kapiteln zeigen sinnvolle Bezüge und Vertiefungsmöglichkeiten auf.

- Nach dem vielseitigen ersten Kapitel, in dem Wissenswertes zu so unterschiedlichen Bereichen wie Weihnachtsmärkten, den Heiligentagen im Advent und Tierspuren im Schnee handlungsorientiert aufgegriffen wird, folgt ein Kapitel mit weihnachtlich-winterlichen Texten und Gedichten. Im dritten Kapitel – „Lernen zur Weihnachtszeit" – stehen spielerische Sprachübungen im Vordergrund.
- Weihnachtlich basteln, singen, tanzen, backen und spielen können die Kinder mit den Vorschlägen und Materialien aus dem vierten Kapitel – einer Fundgrube für Erlebnisse mit allen Sinnen.
- Das fünfte Kapitel greift drei Themenkomplexe heraus, die in eigenen Projekten vertieft werden können: ein Krippenspiel zur Weihnachtsgeschichte nach dem Lukasevangelium, ein Schattenspiel zu einer Weihnachtserzählung von Fjodor Dostojewski, die im Armenmilieu spielt, und das Thema „Weihnachtsgewürze", das durch ein spannendes Würfelspiel abgerundet wird.

Aus den Auftaktseiten zu den einzelnen Abschnitten kann zudem nach und nach ein weihnachtliches Quartettspiel entstehen, das Sie und Ihre Klasse an die zahlreichen Inhalte und Aktivitäten erinnert, die Ihnen in den Adventswochen Freude gemacht haben.

Ihnen und Ihrer Klasse eine sinnliche und erfüllte Weihnachtszeit!

*Silja Bembé*

# Inhalt

## 1. Kapitel: Winter, Weihnacht und Advent

## 2. Kapitel: Texte und Gedichte

## 3. Kapitel: Lernen zur Weihnachtszeit

## 4. Kapitel: Basteln, backen, musizieren ...



## 5. Kapitel: Projekte



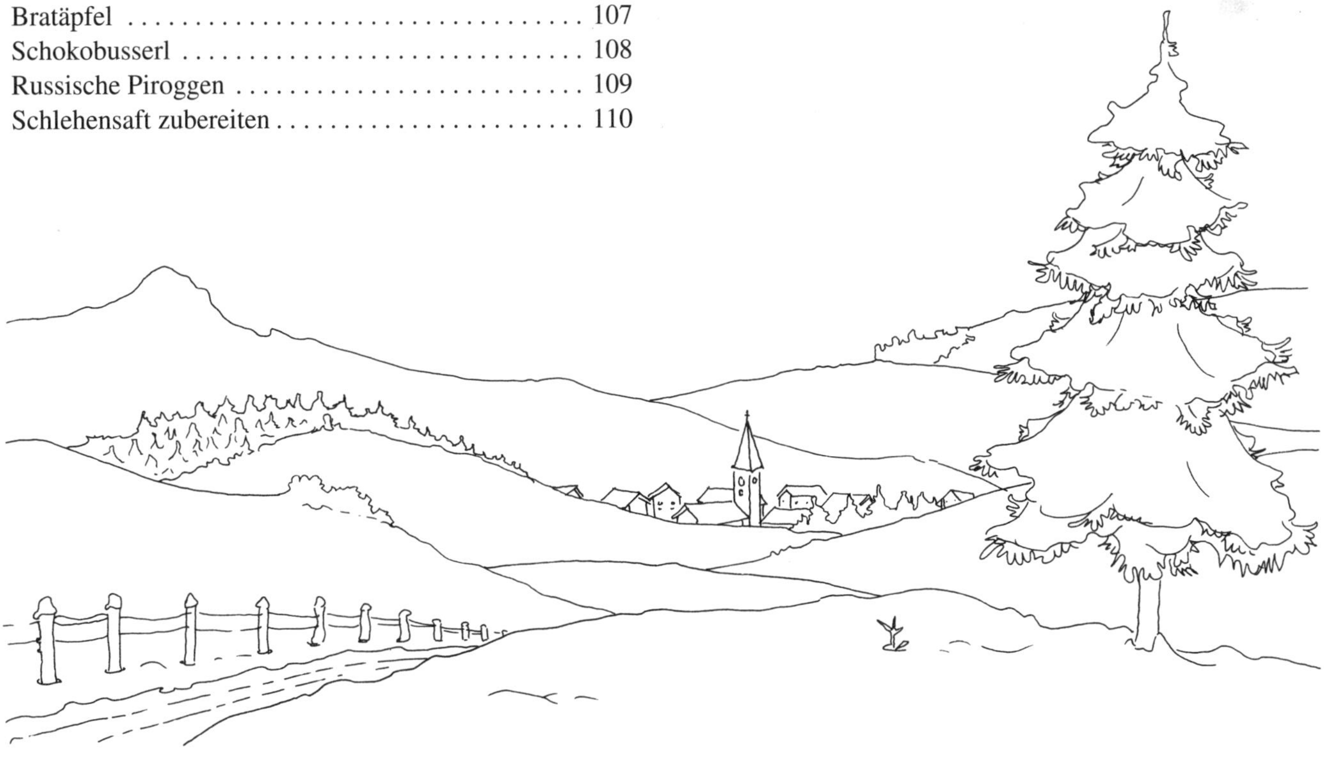

# 1. Kapitel: Winter, Weihnacht und Advent

## Advent – Zeit des Wartens

## Vorbemerkung

Der Begriff Advent stammt aus dem Lateinischen und bedeutet „Ankunft“. Der Advent dient der Vorbereitung auf die Feier der Geburt Jesu Christi. Diese Zeit des Wartens kann in der Schule sinnvoll und ansprechend gestaltet werden. Im Folgenden finden Sie dafür Informationen und Anregungen.

## Lehrplanbezug

**Religion/Ethik**

- Wünsche haben und verzichten können
- Konsumverhalten überdenken
- Kultur in ihrer Vielfalt entdecken und achten
- Religionen begegnen

**Sachunterricht**

- Wir in der Welt – die Welt bei uns: Bräuche, Feste, Heimat, Ortsgeschichte

**Deutsch**

- Lesen und mit Literatur umgehen, unterschiedliche Textsorten: Sachtexte, Gedichte, Ganzschriften, Legenden …

## Brauchtum und Geschichte

Im christlichen Glauben bezeichnet der Ausdruck Advent die vier Wochen vor Weihnachten, die mit dem Tag des heiligen Andreas (30. November) beginnen oder mit dem Sonntag, der diesem Tag am nächsten ist. Als Vorbereitung auf die Feier der Geburt Jesu Christi wird der Advent seit dem 5. Jahrhundert gefeiert. Ursprünglich war die Adventszeit nicht am 24. Dezember, sondern am 6. Januar orientiert und begann am 25. November. Somit dauerte sie genau 40 Tage. Gleichzeitig markiert der Advent den Beginn des Kirchenjahres.

Ein heidnischer Brauch, der sich in einigen Teilen Europas, vor allem in Deutschland, bis heute gehalten hat, ist das Aufstellen bzw. Aufhängen von Adventskränzen. Diese Kränze werden aus den Zweigen von immergrünen Bäumen oder Sträuchern geflochten, z.B. aus Tannenzweigen oder, in England, aus Stechpalmen und Efeu. Anschließend werden auf diesem Kranz vier Kerzen befestigt. An jedem Adventssonntag wird eine weitere Kerze angezündet, sodass am Sonntag vor Weihnachten alle Kerzen brennen.

**Zur Symbolik von Kranz und Kerze**

Da der Kranz weder Anfang noch Ende hat, symbolisiert er die Ewigkeit und verweist auf das Leben nach dem Tod. Das Licht der Kerze steht zudem als Symbol für Jesus (Johannes 8, 12). Vier Kerzen verweisen auf die vier Adventssonntage, die vier Himmelsrichtungen, die vier Jahreszeiten und die vier Evangelisten.

Je mehr Lichter wir in der Adventszeit anzünden, je mehr wir uns dem Fest der Geburt Christi nähern, desto heller und wärmer wird es in der dunklen und kalten Jahreszeit.

## Anregungen für den Unterricht

Eine ansprechende Gestaltung der Adventszeit kann u.a. erreicht werden durch:

- einen täglichen Morgenkreis, z.B. zum Vorlesen einer Weihnachtsgeschichte oder zum gemeinsamen Singen von Advents-, Nikolaus- oder Weihnachtsliedern (siehe „(Vor-)Lesetipps“ auf Seite 8 und Abschnitt „Lichtertanz und Lieder“ auf Seite 90–99).
- vorweihnachtliches Schmücken des Klassenzimmers (siehe Bastelvorschläge auf Seite 76–89).

- das Planen und Ausführen eines Weihnachtsspiels (siehe Seite 112–123) und einer Weihnachtsfeier.
- den Unterrichtsgang zu einem Weihnachtsmarkt (siehe Seite 10–15).
- das „Wichteln“ mit den Schülern: Die Namen aller Kinder werden auf kleine Zettel geschrieben, gefaltet und eingesammelt. Jeder Schüler zieht nun den Namen eines Mitschülers, der allerdings geheim bleiben muss. Diesem Schüler macht man nun immer wieder während der Adventszeit heimlich kleine Geschenke: etwas Süßes, eine Kerze, eine Postkarte ... Je nach Klasse können auch bestimmte Tage zum Schenken ausgemacht werden. Die Kinder werden dann kurz vorher noch einmal daran erinnert. Es empfiehlt sich, mit den Schülern zu besprechen, dass es nicht darum geht, ob man denjenigen, den man „bewichtelt“, ganz besonders mag, sondern eher darum, jemandem unerkannt eine Freude zu machen, sich zu überlegen, worüber sich dieses Kind freuen könnte. Auch sollte besprochen werden, welche Möglichkeiten und Ideen für Geschenke es gibt. Vielleicht muss ein finanzieller Rahmen festgelegt werden, der nicht überschritten werden soll.
- Stroh sammeln für das Christkind: Es gibt einen Eimer oder Korb mit Stroh, aus dem jedes Kind am Tagesende einen Strohalm in eine Krippe legen darf, wenn es mit sich zufrieden war. Jedes Kind entscheidet selbst, ob es das Christkind weicher betten darf oder nicht. So können alle gemeinsam zum Strohbett des Christkindes beitragen.
- einen Adventskalender, der die Zeit des Wartens veranschaulicht: Diese Funktion erfüllen auch die normal käuflichen Kalender. Selbst gemachte Adventskalender brauchen immer etwas Zeit und Geduld, die aber von den Kindern honoriert wird.
  Um Kleinigkeiten zu verschenken, können z. B. große Walnüsse halbiert und ausgehöhlt werden. Die Nussschalen werden „vergoldet“ und auf ein rotes Geschenkband geklebt, das senkrecht an der Wand herabhängt. In den halben Nussschalen kann man z. B. Gummibärchen, Schmucksteine oder Räucherkerzchen verstecken. Letztere können von dem Kind, das an diesem Tag die Nuss abschneiden und öffnen darf, zum Morgenkreis angezündet werden.
  Ein anderer selbst gemachter Kalender ist ein Lesekalender. In 24 mit Zahlen beschrifteten Briefumschlägen können Texte, Gedichte oder Sprüche stehen, die von den Kindern im Morgenkreis vorgelesen werden. Es empfiehlt sich, das jeweilige Lesestück einen Tag mit nach Hause zu geben und dort von dem entsprechenden Kind laut üben zu lassen, sodass es gut verständlich vorgelesen werden kann. In jedem Umschlag kann zusätzlich eine Kleinigkeit versteckt sein. Bei größerer Klassenstärke sind an manchen Tagen zwei Lesetexte im Umschlag. Man kann auch eine Weihnachtsgeschichte in Abschnitte einteilen, kopieren und in die Umschläge stecken.

**(Vor-)Lesetipps**

Kirsten Boie, Alles ganz wunderbar weihnachtlich,
Hamburg: Oetinger Verlag (ab 8 Jahre)

Willi Fährmann, Folget dem Stern,
München: cbj Verlag (ab 8 Jahre)

Werner Färber, Die 3a im Weihnachtstrubel,
Garching b. München: Hase und Igel Verlag
(3./4. Klasse, mit Begleitmaterial)

Beate Fiedler, Das Weihnachtstheater,
Garching b. München: Hase und Igel Verlag
(ab 4. Klasse, mit Begleitmaterial)

Barbara Robinson, Hilfe, die Herdmanns kommen,
Hamburg: Oetinger Verlag (ab 8 Jahre)

Ursel Scheffler, Kugelblitz als Weihnachtsmann,
Garching b. München: Hase und Igel Verlag
(ab 3. Klasse, mit Begleitmaterial)

Barbara Wendelken,
Oskar und die falschen Weihnachtsengel,
Garching b. München: Hase und Igel Verlag
(4. Klasse, mit Begleitmaterial und Poster)

# Der Weihnachtsmarkt

Weihnachtsmarkt A

Weihnachtsmarkt A

Weihnachtsmarkt B

Weihnachtsmarkt B

Weihnachtsmarkt C

Weihnachtsmarkt C

Weihnachtsmarkt D

Weihnachtsmarkt D

## Vorbemerkung

Weihnachtsmärkte sind ein wichtiger Teil der deutschen Weihnachtstradition. Inzwischen haben sogar die meisten kleineren Orte einen eigenen Weihnachtsmarkt. Viele Menschen reisen in die unterschiedlichsten Städte, um sich die dortigen Weihnachtsmärkte anzuschauen. Den Nürnberger Christkindlesmarkt besuchen z. B. jährlich ca. 2,5 Millionen Menschen.

## Lehrplanbezug

**Sachunterricht**

- Heimatgeschichte, Bräuche
- Einen Unterrichtsgang machen – Orientierung im Raum
- Meine Sinne

**Deutsch**

- Texte schreiben, Geschichten erfinden

## Zu den Kopiervorlagen

Das Thema „Weihnachtsmarkt" kann – über die Kopiervorlagen hinaus – folgendermaßen aufgegriffen werden:

- In einem Gespräch über Weihnachtsmärkte werden eigene Eindrücke und Erlebnisse geschildert.
- Die Schüler können sich bei Eltern, Großeltern, in Büchern oder im Internet über Weihnachtsmärkte im Allgemeinen und den örtlichen Weihnachtsmarkt informieren. Eigenheiten des örtlichen Weihnachtsmarkts sind dabei für die Kinder besonders interessant.
- Höhepunkt der Sequenz ist ein Unterrichtsgang zum Weihnachtsmarkt unter dem Motto: „Markt der Sinne" (siehe Seite 14). Bei dieser Gelegenheit können die Kinder auch die Budenbesitzer über Verkaufszeiten, Umsatz, die Arbeit im restlichen Jahr ... befragen. Die Ergebnisse können in der Klasse besprochen und festgehalten werden.

KV Seite 11/12

**Der Weihnachtsmarkt**

Der Lesetext gibt allgemeine Informationen zum Weihnachtsmarkt. Möglicher Gesprächsanlass zum Text: Was haltet ihr von einem Ort, an dem das ganze Jahr über das Lied „Stille Nacht, heilige Nacht" zu hören ist? Die hier anklingende Problematik einer möglichen Übersättigung kann im Zusammenhang mit dem Text „Der Weihnachtsfeierer" (Seite 25–29) vertieft werden.

KV Seite 13

**Rundgang über den Weihnachtsmarkt**

Die Kopiervorlage dient der Veranschaulichung und hilft den Kindern, einen Überblick zu bekommen. An die Bearbeitung anschließen kann sich die Frage, welche Dinge etwas mit der Botschaft von Advent und Weihnachten zu tun haben und welche weniger.

KV Seite 14

**„Markt der Sinne"**

Bei ihrem Besuch des Weihnachtsmarkts achten die Kinder darauf, was es dort zu sehen, zu hören, zu fühlen, zu riechen und anzufassen gibt. Auch hier lässt sich die Frage anschließen, welche dieser sinnlichen Erfahrungen man als „weihnachtlich" bezeichnen kann.

KV Seite 15

**Ochs und Esel – Ein Gespräch über den Weihnachtsmarkt**

Abschließen kann die Unterrichtseinheit mit diesem Schreibanlass, in den noch einmal alle Erfahrungen und Eindrücke der Kinder einfließen.

Eine andere Stoßrichtung bekommt das Gespräch durch die Ergänzung der Frage: Was hat das alles noch mit dem zu tun, was unsere Ururur...ahnen damals in Bethlehem erlebten?

# Der Weihnachtsmarkt (1)

Messe, Weihnachtsmarkt, Christkindlmarkt, Christkindlesmarkt, Kindleinsmarkt, Adventsmarkt … – all diese Namen bezeichnen das Gleiche: einen Markt, der jedes Jahr zur selben Zeit und am selben Ort stattfindet. Üblicherweise befindet er sich auf den Marktplätzen oder einem Kirchplatz und dauert die ganze Adventszeit lang. Überall heißt er ein bisschen anders, sieht anders aus, ist zu anderen Zeiten geöffnet, hat andere Besonderheiten und Eigenarten. Gemeinsam ist aber all den vielen Weihnachtsmärkten die unverwechselbare Vielfalt an Gerüchen, an Festlichkeit, Lichterglanz, Erwartung, Gedränge und inzwischen auch zunehmender Hektik.

Der Münchner Christkindlmarkt und der Nürnberger Christkindlesmarkt gehören zu den ältesten Weihnachtsmärkten in Deutschland. Ihre Tradition reicht fast 500 Jahre zurück. Schon aus dem Mittelalter sind sie bekannt. Auch damals waren sie sehr beliebte, lang ersehnte Ereignisse, die Abwechslung und Unterhaltung in den Jahreslauf brachten.

Angeboten werden auf Weihnachtsmärkten die verschiedensten Dinge: Esswaren, die von süßen Naschereien wie gebrannten Mandeln und Lebkuchenherzen über Liebesäpfel bis hin zu heißen Maroni und Bratwürsten reichen, dazu gibt es Punsch und Glühwein. Dann jede Menge an Weihnachtsbaumschmuck: Lametta, Sterne aus Stroh, Metall oder Papier, Kerzen in allen Größen und Farben, Christbaumkugeln aus den unterschiedlichsten Materialien. Manchmal kann man Glasbläser sehen, die ihr Handwerk vorführen und in kürzester Zeit eine gläserne Christbaumkugel zaubern.

# Der Weihnachtsmarkt (2)

Aus dem Erzgebirge kommen Weihnachtspyramiden, Glasbläserarbeiten und kleine geschnitzte Engel. Krippenfiguren werden neben all den großen und kleinen Waren zum Kauf angeboten, die am Heiligen Abend schön verpackt unter dem Christbaum zu finden sind: Spielzeug und Geduldsspiele, Wollsachen, Keramikarbeiten, Puppen, Buchbindearbeiten, Schmuck und vieles mehr. Auch hier hat jeder Markt seine Spezialitäten und Traditionen.

Es gibt Handwerkermärkte, auf denen nur handgemachte Dinge verkauft werden dürfen, Kunstmärkte und traditionelle Märkte, bei denen kein Strom verwendet werden darf. Sie erstrahlen in Kerzenschein, Gas- und Öllampenlicht, Fackeln beleuchten die Buden und Wege. Die Bratwürste und Maroni werden dort auf einem Holzfeuer oder Kohleofen gebraten und die Weihnachtsmusik von Musikern gemacht.

Wenn der Abend hereinbricht, versinken die Märkte in Lichterglanz und Rauchwolken. Musik erklingt aus der Dunkelheit, die Buden drängen sich an den Rand der Nacht und manchmal kann man die Waren nur noch durch einen Schneeschleier oder einen Regenvorhang sehen. Wie oft sieht man im Gedränge Menschen, die sich die Hände reiben, mit den Füßen stampfen und sich an ihren Glühweintassen wärmen? Aber auch die Kälte gehört zum Weihnachtsmarkt. Ein Weihnachtsmarkt im Sommer – das ist unvorstellbar.

Und doch gibt es in einer kleinen Stadt in Deutschland Weihnachtsläden, die das ganze Jahr über geöffnet haben: in Rothenburg ob der Tauber. Busladungen von Touristen kommen jeden Tag aus aller Welt, um diese Läden zu sehen und typisch deutsche Weihnachtsdinge zu kaufen. Hier erklingt das ganze Jahr über „Stille Nacht, heilige Nacht", die Schaufenster sind auch im Sommer mit Schneesternen, Nikoläusen und Christbäumen dekoriert und in den Regalen sammeln sich Christbaumkugeln, Lametta, Engel, Pyramiden, Hexenhäuser, CDs mit Weihnachtsmusik und Bücher mit deutschen Weihnachtsgeschichten.

Aber diese Läden haben mit dem, was wir als Weihnachtsmarkt kennen, wenig gemeinsam. Ihnen fehlt der Winter, der Lichterglanz in der Dunkelheit, die Festlichkeit und die Erwartung des baldigen Fests.

 

Name:

# Rundgang über den Weihnachtsmarkt

**Geh über den Weihnachtsmarkt. Was siehst du dort alles? Was kannst du kaufen? Was gibt es zu essen und zu trinken? Schreibe in die drei Spalten.**

| Sehenswertes | Essbares/Getränke | Waren |
|---|---|---|
| | | |
| | | |
| | | |
| | | |

Name:

# „Markt der Sinne"

Auf dem Weihnachtsmarkt kann man nicht nur Dinge kaufen und zwischen den Buden herumschlendern. Wenn du genau darauf achtest, kannst du viele verschiedene Düfte riechen, unterschiedliche Dinge hören, mit deinen Händen immer andere Materialien anfassen, Leute berühren, vielleicht etwas essen und unterschiedliche Sachen schmecken. Und natürlich gibt es sehr viel zu sehen.

**Schreibe in die passenden Kästchen, was du alles sehen, riechen, hören, ertasten und schmecken kannst.**

riechen

sehen

ertasten

schmecken

hören

Name:

# Ochs und Esel – Ein Gespräch über den Weihnachtsmarkt

Auf vielen Weihnachtsmärkten sind Krippen aufgestellt. Die Leute kommen dort vorbei, schauen sich die Krippe an, unterhalten sich oder machen einfach eine kleine Pause. Später wird es Nacht, die Lichter des Weihnachtsmarkts verlöschen, die Buden werden geschlossen, die Musik verstummt und die Menschen gehen nach Hause.
Aber an der Krippe brennt noch ein Licht. Ochs und Esel sind wach, sie unterhalten sich darüber, was sie heute alles gesehen und gehört haben.

**Schreibe das Gespräch zwischen dem Esel und dem Ochsen auf.**

# Die Heiligentage in der Advents- und Weihnachtszeit

Heiligentage A

Heiligentage A

Heiligentage B

Heiligentage B

Heiligentage C

Heiligentage C

Heiligentage D

Heiligentage D

## Vorbemerkung

Die Beschäftigung mit Heiligen und den Legenden, die mit ihnen verbunden sind, fasziniert Kinder. Einzelne Tage der Advents- und Weihnachtszeit und die an ihnen praktizierten Bräuche bekommen so einen besonderen Sinn.

## Lehrplanbezug

**Religion/Ethik**

- Festtage, Feiertage und Bräuche kennenlernen
- Die Heiligen – beispielhafte Menschen in der christlichen Tradition

**Deutsch**

- Legenden kennenlernen

## Informationen zu einigen Heiligen

**Der heilige Nikolaus**

Der heilige Nikolaus wurde ursprünglich als alleiniger weihnachtlicher Gabenbringer verehrt, in dieser Funktion aber – zumindest im deutschen Sprachraum – vom Christkind und vom Weihnachtsmann verdrängt. Die Heiligenlegende basiert offenbar auf zwei historischen Personen: Bischof Nikolaus von Myra (ca. 304–345) und Abt Nikolaus von Sion, Bischof von Pinara (gestorben 564), beide aus Kleinasien bzw. aus dem Gebiet der heutigen Türkei.

Nikolaus gilt als Schutzherr der Kinder, Seefahrer, Kaufleute, Apotheker und Bäcker. Der Bischof von Myra verhalf – so die Legende – drei armen Bräuten zu einer reichen Mitgift. Sein Ruf, freigebig Geschenke zu verteilen, mag hier seinen Ursprung haben.

Die auch heute noch vor allem in katholischen Gebieten gebräuchliche Darstellung des Nikolaus mit Bischofsstab und Mitra muss als dic historisch richtigere angesehen werden. Häufiger begegnet der Heilige uns allerdings inzwischen in einer Gestalt, die eher an den Weihnachtsmann erinnert. In vielen Ländern werden Weihnachten und das Fest des heiligen Nikolaus, da beide in den Dezember fallen, ohnehin zusammen gefeiert. Das Namensfest des heiligen Nikolaus ist am 6. Dezember.

**Die heilige Barbara**

Die heilige Barbara ist Märtyrerin und Heilige der römisch-katholischen Kirche. Sie starb im Jahre 306.

Nach der Legende lebte und starb sie den Märtyrertod in der Stadt Nikomedia (heute Izmit, Türkei). Um sie vor der Welt zu schützen, ließ ihr Vater einen Turm bauen, in dem sie ihre Jugend in Einsamkeit verbrachte. Gegen den Willen ihres Vaters wurde sie in dieser Abgeschiedenheit zur Christin. Der Vater lieferte sie daraufhin dem römischen Statthalter aus, doch auch er konnte sie nicht dazu bewegen, ihrem Glauben zu entsagen. Man erzählt sich, dass sich auf dem Weg ins Gefängnis ein Zweig in Barbaras Kleid verfing, den sie in ein Glas mit Wasser stellte. Schließlich erbot sich ihr Vater, die Tochter selbst zu richten. Am Tag ihres Todes blühte der Zweig. Ihr Vater aber wurde von einem Blitz erschlagen.

Aufgrund dieses Ereignisses wurde die heilige Barbara mit Blitzen in Verbindung gebracht – bei Gewitter und Stürmen, aber auch bei Brandkatastrophen werden Gebete an sie gerichtet; aus demselben Grund ist sie die Schutzheilige der Artillerie. Ihr Bildnis wurde früher häufig auf Waffenlagern und Pulvermagazinen aufgestellt. Sie gehört zu den 14 Nothelfern und wird besonders zum Schutz vor plötzlichem Tod angerufen. Außerdem ist sie die Schutzheilige der Bergleute.

Der Festtag der heiligen Barbara, seit 1969 nicht mehr im Festkalender der katholischen Kirche aufgeführt, ist der 4. Dezember. An diesem Tag schneidet man Zweige von Kirschbäumen, anderen Obstbäumen oder Forsythien („Barbarazweige") und stellt sie ins Wasser. Ihr Aufblühen zu Weihnachten aus einem scheinbar toten Zweig ist Symbol für das Leben, das Christus uns verheißt.

**Was ist eine Legende?**
Eine Legende (von mittellateinisch legenda: das zu Lesende) ist die Beschreibung der Lebensgeschichte von Heiligen oder Märtyrern bzw. exemplarische Ausschnitte daraus. Im Mittelalter wurde aus Legenden am Namenstag des jeweiligen Heiligen zur Erbauung der Gemeinde in Kirchen und Klöstern vorgelesen. Dabei legte man auf die historische Wahrheit nur wenig Wert. Vielmehr standen Wundererzählungen oder Schilderungen übernatürlich-religiöser Ereignisse im Zentrum des Interesses. Legenden sind bereits in den Apokryphen der Bibel enthalten. Die älteste Prosasammlung mit Legenden stammt von Papst Gregor I. aus dem 6. Jahrhundert.

Während der Reformation stieß die Erzählform der Legende bei Martin Luther auf Kritik, der sie als „Lügende" verunglimpfte. Vor allem Autoren des Sturm und Drang und der Romantik belebten die Legendentradition im 19. Jahrhundert neu, nachdem sie zur Zeit der Aufklärung, insbesondere von Christoph Martin Wieland, parodiert worden war. Im 20. Jahrhundert verfassten etwa Hermann Hesse, Gerhart Hauptmann und Thomas Mann („Der Erwählte", 1951) literarische Varianten der Legende.

Das folgende Gedicht ist kurz im Text „Der Weihnachtsfeierer" (Seite 25–29) erwähnt. Es beschreibt die Tradition des Zweigeschneidens am Barbaratag. So wird das Weihnachtsfest zu einem Frühlingsfest, zu einem Neuanfang mitten im Winter. Der Baum wird als Geber des Zweigs direkt angesprochen und einbezogen, sodass es nicht selbstverständlich erscheint, sich die Zweige einfach zu nehmen.

Bei der eigenen Umsetzung des Brauchs empfiehlt es sich, auch Zweige von unterschiedlichen Sträuchern und Büschen zu schneiden, denn nicht immer gehen alle Blüten auf.

***Am 4. Dezember***

*Geh in den Garten am Barbaratag.*
*Gehe zum kahlen Kirschbaum und sag:*
*„Kurz ist der Tag, grau ist die Zeit.*
*Der Winter beginnt, der Frühling ist weit.*
*Doch in drei Wochen, da wird es geschehen:*
*Wir feiern ein Fest, wie der Frühling so schön.*
*Baum, einen Zweig gib du mir von dir!*
*Ist er auch kahl, ich nehm ihn mit mir.*
*Und er wird blühen in leuchtender Pracht*
*mitten im Winter in der Heiligen Nacht."*

*Josef Guggenmos (1922–2003)*

*aus: Ich will dir was verraten,*
*Weinheim: Beltz & Gelberg 1992*

**Die Heiligen Drei Könige**
Die Heiligen Drei Könige werden auch Weise aus dem Morgenland oder Magier genannt. Das Evangelium des Matthäus schildert sie als edle Pilger, die aufgrund ihrer astronomischen und astrologischen Kenntnisse einem wandernden Stern bis nach Bethlehem in Judäa folgten, um dort dem neugeborenen Messias zu huldigen und ihm Gold zum Zeichen seiner königlichen Würde, Weihrauch für den Altar Gottes und Myrrhe zum Balsamieren eines toten Leibes darzubringen. Als die Männer Jerusalem erreicht hatten, baten sie Herodes den Großen, den nominellen „König der Juden", ihnen beim Auffinden des Kindes zu helfen, das Prophezeiungen als König der Juden ausgewiesen hatten. Herodes wusste nichts vom Verbleib des Kindes, ersuchte die Weisen jedoch, zu ihm zurückzukehren, falls sie dem zukünftigen Herrscher über Israel begegnen sollten. Im Traum warnte eine Stimme sie jedoch davor, Herodes Bericht zu erstatten.

Die Tradition machte die Magier zu Königen. Ihre Namen, Kaspar, Melchior und Balthasar, erscheinen erstmals auf einem Mosaik aus dem 6. Jahrhundert, das eine Kirche im italienischen Ravenna schmückt.

Erst ungefähr seit dem 14. Jahrhundert wird einer dieser Könige als Schwarzer dargestellt. Das soll ausdrücken, dass Christus für alle Völker und Rassen geboren wurde und sich Herrscher aus der ganzen Welt auf den Weg zu Gott machen. Die katholische, die orthodoxe und die anglikanische Kirche feiern die Ankunft der Weisen alljährlich am 6. Januar und erinnern damit an die erste Offenbarung Jesu gegenüber Nichtjuden. Die Nacht zum 6. Januar ist auch der Abschluss der zwölf heiligen Nächte.

Vor allem in katholischen Gebieten ist der Dreikönigstag durch die sogenannten Sternsinger bekannt. Dabei ziehen Kinder als Heilige Drei Könige verkleidet von Tür zu Tür, singen überlieferte Lieder und sammeln für einen wohltätigen Zweck. Zum Dank für die Spenden schreiben sie mit Kreide das Segenszeichen C+M+B (lateinisch: Christus mansionem benedicat; das bedeutet: Christus segne das Haus) auf den Türrahmen. Der Volksglaube verbindet aber die Namen der Heiligen Drei Könige mit diesen Kürzeln: Caspar, Melchior und Balthasar.

***Die Heil'gen Drei Könige***

*Die Heil'gen Drei Kön'ge aus Morgenland,*
*sie frugen in jedem Städtchen:*
*„Wo geht der Weg nach Bethlehem,*
*ihr lieben Buben und Mädchen?"*

*Die Jungen und Alten, sie wussten es nicht,*
*die Könige zogen weiter,*
*sie folgten einem goldenen Stern,*
*der leuchtete lieblich und heiter.*

*Der Stern bleibt stehn über Josephs Haus,*
*da sind sie hineingegangen;*
*das Öchslein brüllte, das Kindlein schrie,*
*die Heil'gen Drei Könige sangen.*

*Heinrich Heine (1797–1856)*

**Der heilige Silvester**

Der heilige Silvester wurde in Rom geboren und starb 335. Von 314–335 war er Papst: der erste Papst, der sein Amt antrat, nachdem die römischen Kaiser Konstantin der Große und Licinius 313 die christliche Kirche rechtlich anerkannt hatten. Das wichtigste Ereignis seiner Amtszeit war das Konzil von Nicäa (325). Die Silvester-Legende besagt, dass Silvester Konstantin getauft habe, was jedoch geschichtlich nicht haltbar ist. Die Legende ging in die Konstantinische Schenkung ein, eine gefälschte Urkunde, die den Namen Konstantins trug und zur Legitimation der Herrschaftsrechte des Papsttums diente.

Der Festtag des heiligen Silvester ist der 31. Dezember. Das Silvesterfest verdankt dem Heiligen seinen Namen, hat mit ihm aber direkt nichts zu tun.

## Zu den Kopiervorlagen

KV Seite 20

**Heiligentage**

Die knappen Informationstexte zu den Heiligen, die auch zur Erläuterung des Quartettstichs (Seite 16) dienen, können durch Ihre Erzählungen oder durch eigene Recherchen der Schüler ergänzt werden.

KV Seite 21

**Die Heiligennamen**

Das Arbeitsblatt zu den Namen der Heiligen ist einfach und spielerisch zu lösen. Allerdings sollten sich die Schüler Gedanken zu den Heiligen machen und passende Wörter zu ihnen finden.

**Lösungsmöglichkeit für Barbara**

GE**B**ETE
**A**BGESPERRT
A**R**TILLERIE
**B**LÜTEN
**A**DVENTSZEIT
DEZEMBE**R**
KIRSCHB**A**UM

Name:

# Heiligentage

**Barbaratag**

Am 4. Dezember ist der Tag der heiligen Barbara, der Schutzpatronin der Bergleute, Baumeister und Artilleristen. Barbara war die christliche Tochter eines heidnischen Vaters, der sie, aus Zorn über ihren Glauben, im Jahre 306 enthauptete.
An ihrem Gedenktag schneidet man Zweige mit Blütenknospen ab, z. B. von Kirschbäumen. Die Zweige stellt man in eine Vase mit Wasser – zu Weihnachten sollen sie dann blühen. Das bedeutet Glück für das nächste Jahr und ist Symbol für das Leben, das Christus uns verheißt.

**Nikolaus**

Der 6. Dezember ist der Tag des heiligen Nikolaus.
Er lebte ungefähr von 304 bis 345 in Myra, auf dem Gebiet der heutigen Türkei, in einem Kloster. Später wurde er zum Erzbischof von Myra geweiht. Nikolaus muss sehr mildtätig gewesen sein. Er hat sich viel um die Armen gekümmert und sie unterstützt, wo es nur möglich war. Nikolaus gilt als Schutzherr der Kinder, Seefahrer und Kaufleute. In vielen Ländern werden Weihnachten und das Fest des heiligen Nikolaus zusammen gefeiert, da sie beide in den Dezember fallen.

**Silvester**

Der heilige Silvester wurde in Rom geboren und starb am 31. Dezember 335. Von 314 bis 335 war er Papst.
Der Legende nach soll Silvester sehr bedeutende Menschen getauft und sie somit zu Christen gemacht haben.
Unser Silvesterfest findet am Todestag des Heiligen statt, hat mit ihm darüber hinaus aber nichts zu tun.

**Dreikönigstag**

Der 6. Januar ist der Tag der Heiligen Drei Könige. Sie waren weise und gelehrte Männer aus dem Morgenland, die von der Geburt Jesu schon lange im Voraus durch die Sterndeutung wussten.
Sie machten sich auf die lange Reise zu ihm auf und beschenkten ihn mit Gold, Weihrauch und Myrrhe.
In vielen Ländern ist der Dreikönigstag der Tag der Geschenke für die Kinder. Bei uns ist es üblich, dass am 6. Januar Sternsinger durch die Orte gehen, die Häuser segnen und Geld für einen guten Zweck sammeln.

Name:

# Die Heiligennamen

Finde zu jedem Namen Wörter, die zu den jeweiligen Buchstaben passen. Der Buchstabe darf irgendwo im Wort vorkommen. Schön ist es, wenn die Wörter zu den Heiligen und ihren Geschichten passen. Schreibe sie auf.

N
I
K
O
L
A
U
S

GEBETE
A
R
B
A
R
A

S
I
L
V
E
S
T
E
R

D
R
E
I

K
Ö
N
I
G
E

# Weihnachten in Europa

Europa A

Europa A

Europa B

Europa B

Europa C

Europa C

Europa D

Europa D

## Vorbemerkung

Von ganz eigenen Weihnachtsbräuchen aus Ländern zu erfahren, die gar nicht weit von uns entfernt liegen, ist für Kinder faszinierend. Gerade in Zeiten der Globalisierung und kulturellen Angleichung kommt solchen Traditionen eine besondere Bedeutung zu.

## Lehrplanbezug

**Religion**

- Christliche Bräuche

**Ethik**

- Kultur in ihrer Vielfalt entdecken und achten: Bräuche in verschiedenen Ländern

**Sachunterricht**

- Wir in der Welt – die Welt bei uns
  - Lebensweise von Kindern in anderen Ländern kennenlernen
  - Feste feiern
  - Unterschiedliche Lebensweisen achten

**Deutsch**

- Sprechen und Gespräche führen, Geschichten lesen

**Fremdsprachen**

- Lieder, Lebensweise und Kultur von Menschen kennenlernen, die andere Sprachen sprechen

## Zu den Kopiervorlagen

KV Seite 25–29

**Der Weihnachtsfeierer**

Der „Weihnachtsfeierer“ reist in der Advents- und Weihnachtszeit kreuz und quer durch Europa. Er möchte in dieser Zeit an so vielen Festen und Feierlichkeiten wie möglich teilnehmen, also sozusagen sechs Wochen am Stück feiern. Er reist in die verschiedensten Länder und beschreibt, was er dort erlebt.

Der Text versucht, möglichst viele Bräuche und Traditionen der einzelnen Länder einzubeziehen. Einschränkend ist jedoch anzumerken, dass einige dieser Bräuche heute nicht mehr umfassend in den jeweiligen Ländern gelebt werden. Fast überall findet eine Angleichung und Vereinheitlichung statt. Weihnachtsfeste in Europa orientieren sich einerseits stark am deutschen Brauchtum (Weihnachtsbaum, Weihnachtsbaumschmuck, Bescherung am 24. Dezember), die Vermarktung des Ganzen wird stark von den USA dominiert (Aussehen des „Weihnachtsmanns“, Geschenkkonsum, Leuchtketten und Leuchtschmuck, Kunstschnee).

Dennoch gibt es in einzelnen Gebieten, besonders in ländlichen Gegenden, noch ausgeprägte Unterschiede in den Traditionen. Schon in Deutschland existieren regionale Eigenheiten, besondere Lieder, Gerichte, Bräuche und verschiedene Bezeichnungen für die gleichen Dinge (siehe auch das Gedicht „Kiek an, wat is de Himmel so rot!“, Seite 61).

Am Ende der Erzählung setzt beim „Weihnachtsfeierer“ Erschöpfung ein. Er nimmt sich vor, im nächsten Jahr wie gewohnt nur einmal zu feiern. Diese Erkenntnis kann Anlass für ein Gespräch über weihnachtliche Ermüdungserscheinungen – auch in unserer Erfahrungswelt – sein: Vielen Menschen wachsen schon so all die betrieblichen, schulischen, vereinsinternen und privaten Weihnachtsfeiern über den Kopf. Könnte der Höhepunktcharakter des Weihnachtsfests durch eine Reduzierung in diesem Bereich neue Impulse bekommen?

Um einen Überblick über die Daten zu bekommen, kann auf einem Plakat, an der Tafel oder im Heft ein Kalender angelegt werden, in dem die Tage vom 1. Advent bis zum 6. Januar mit den jeweils wichtigen Festen, Heiligentagen und dazugehörigen Ländern eingetragen werden. Optisch vereinfachen lässt sich das, wenn für jedes Land eine eigene Farbe gewählt wird.

**Die Legende von der heiligen Lucia**

Lucia lebte der Legende nach um das Jahr 300 nach Christus auf der Insel Sizilien. Lucias Mutter wurde schwer krank. Deshalb machte Lucia mit ihr eine Wallfahrt zum Grab der heiligen Agatha. Daraufhin wurde die Mustter auf wunderbare Weise gesund. Sie wurde Christin wie ihre Tochter. Lucia glaubte fest an Jesus und wollte so leben wie er. So beschloss sie, dass sie alles Geld armen Menschen geben wollte.

Damals hatte der Kaiser von Rom den Glauben an Jesus verboten. Deshalb trafen sich die Christen in unterirdischen Gängen, die als Friedhof benutzt wurden – sogenannten Katakomben. Lucia brachte den Christen heimlich Lebensmittel und andere Dinge. Weil es in den Gängen finster war, setzte sie sich einen Kranz mit Kerzen auf den Kopf. So hatte sie die Hände für das Essen frei und konnte genug sehen.

Lucias Verlobter glaubte nicht an Jesus. Deshalb wollte sie ihn nicht mehr heiraten. Er war deswegen sehr wütend und klagte Lucia beim römischen Statthalter an. Lucia war erst 20 Jahre alt, als sie vor Gericht gestellt wurde. Die Richter drohten ihr schwere Strafen und sogar den Tod an, wenn sie weiterhin an Jesus glaubte. Für Lucia aber war nur ihr Glaube an Jesus wichtig. Sie wurde verurteilt und mit dem Schwert getötet.

Für eine Ausweitung des Themas zu einem Projekt „Weihnachten in Europa“ eignen sich folgende Seiten dieses Materials:

- Lied „O Bethlehem, du kleine Stadt“/„O little town of Bethlehem“, Seite 96
- Lied „Santa Lucia“ und Lichtertanz, Seite 91/92 und 94
- Rezept für Russische Piroggen, Seite 109
- Eine Weihnachtskarte schreiben, Seite 72
- Ein Gedicht zum Geschenk, Seite 50

Kinder, deren Familien aus anderen Ländern stammen, können über die Bräuche in ihrer Heimat berichten und besonderen Christbaumschmuck, Rezepte usw. mitbringen. Die Schüler können auch über Reiseerfahrungen zur Weihnachtszeit berichten. Je nach Klassenzusammensetzung bietet sich eine Ausweitung zum Thema „Wichtige Feste in anderen Religionen“ an.

KV Seite 30

**Kreuzworträtsel zum „Weihnachtsfeierer“**

Um das Kreuzworträtsel lösen zu können, müssen die Kinder den Text genau lesen. Es kann also zur Überprüfung der Textkenntnis dienen. Die Kopiervorlage kann als Hausaufgabe, in Partner- oder Einzelarbeit sowie gemeinsam mit der ganzen Klasse auf Folie bearbeitet werden.

**Lösung**

1. Flugtickets, 2. Barbara, 3. Holland, 4. Sinterklaas, 5. Liedern, 6. Krampus, 7. Buch, 8. Lucia, 9. ruhig, 10. Krippen, 11. Papier, 12. Feuerwerke, 13. Tee, 14. Besen, 15. eins; Lösungswort: Christkind

KV Seite 31

**Weihnachtsgrüße aus Europa**

Als Zimmerdekoration können die Tannenbäume mit den verschiedenen Grüßen ausgemalt, geschmückt, auf Karton geklebt und ausgeschnitten werden. Dann werden sie mit Wäscheklammern an einer Leine befestigt, die quer durchs Klassenzimmer führt, oder an eine Wand gehängt.

Aus anderen Ländern stammende Kinder können hier ihre Heimatsprache einbringen, auch unterschiedliche Dialekte können aufgenommen werden.

**Lösung**

(von oben nach unten) Schweden, Frankreich, Italien, Spanien, Polen, Großbritannien, Niederlande, Deutschland

# Der Weihnachtsfeierer (1)

Nur einen Heiligen Abend im Jahr, das fand ich einfach zu wenig. Kann es denn etwas Schöneres geben, als allabendlich unterm Weihnachtsbaum zu sitzen, ein Festessen zu verschmausen, Lieder zu singen, in die Kirche zu gehen und Geschenke auszupacken? So dachte ich jedenfalls. Lange habe ich überlegt, wie ich diesen einen Tag verlängern könnte, aber es hat Jahre gedauert, bis ich die richtige Idee und genug Geld hatte. Im letzten Winter war es dann endlich so weit: Ich nahm ab dem 1. Dezember sechs Wochen Urlaub, um endlich einmal richtig ausgiebig zu feiern. Der richtige Platz für diese Feier war Europa. Ich gebe zu, dass das ein recht großer Festplatz ist, aber für sechs Wochen Weihnachten muss man das in Kauf nehmen. Ich wollte immer da sein, wo gerade gefeiert wurde, egal ob laut und lustig, besinnlich, bescheiden, andächtig oder prunkvoll – wenn es nur ein rechtes Fest war. Mein Kalender war voll von Terminen und in meinem Rucksack befand sich ein dickes Bündel mit Flugtickets.

Den ersten Adventssonntag verbrachte ich zu Hause. Es war der 2. Dezember. Ich zündete die erste Kerze an, sang alle Adventslieder, die mir einfielen (es waren leider nur wenige), und hängte einen Adventskalender auf. Den Nachmittag verbrachte ich mit Freunden auf dem Christkindlmarkt. War ich einfach nur guter Laune wegen der sechs bevorstehenden Wochen? Amüsierten mich die Scherze der Freunde? Oder war der Glühwein schuld? Ich weiß es nicht mehr. Jedenfalls wurde es ein sehr lustiger Tag, mein erster „Feiertag“.

Etwas müde machte ich mich am Montag, dem 3. Dezember, auf, um zu einem Bergwerk nach Tschechien zu fliegen. Zu einem Bergwerk? Ja richtig, denn die Bergleute dort feiern, wie auch in anderen Ländern, am 4. Dezember den Namenstag der heiligen Barbara. Die heilige Barbara ist die Schutzpatronin der Bergleute. Es ist ein ruhiger, andächtiger Tag. Die Bergleute sprechen Gebete und bitten um den Beistand der Heiligen. Auch werden Barbarazweige geschnitten und in Vasen gestellt. Unter der Erde durfte ich bei einer besinnlichen Feier mit dabei sein.

# Der Weihnachtsfeierer (2)

Schwarz vom Kohlenstaub musste ich mich aber gleich wieder auf den Weg machen, um am 5. Dezember pünktlich in Holland einzutreffen. Während der Reise machte ich mich sauber, um dort nicht als einer von den „zwarte pieten“ angesehen zu werden. Das sind in den Niederlanden die lustigen schwarzen Gesellen des Nikolaus, Sinterklaas genannt, die mit ihm auf einem Schiff über das Meer von Spanien kommen und allerhand Schabernack treiben. Der 5. und 6. Dezember sind in den Niederlanden die Tage, die von den Kindern ganz besonders erwartet werden. Es sind laute, lustige und fröhliche Tage. Aber es ist noch gar nicht so lange her, sagt man, dass die unartigen Kinder von Sinterklaas mitgenommen wurden nach Spanien. Am Abend des 5. Dezembers gibt es hier die Geschenke für die Kinder, die sich mit kleinen Aufführungen, Liedern oder Tänzen bedanken. In vielen Familien wird ein „surprisenavond“, ein Überraschungsabend, gefeiert. Da werden die Geschenke gut versteckt und müssen wie bei einer Schnitzeljagd oder Schatzsuche gefunden werden. Nach altem Brauch ist bei jedem Geschenk ein kleines, lustiges Gedicht. In diesem wird der Beschenkte liebevoll geneckt.

Spät war es geworden und ich musste ja noch nach Hause, um dort meine Schuhe ordentlich zu putzen und vor die Tür zu stellen. Hoffentlich war dazu noch genügend Zeit. Am nächsten Morgen – vor Aufregung war ich schon früh wach – klopfte es laut an der Tür. Nikolaus und sein Knecht, der bei uns Krampus genannt wird, standen davor. Ich war noch im Schlafanzug und nicht wirklich erfreut. Zum Glück konnte ich zwischen ihnen meine Stiefel sehen, aus denen auch tatsächlich etwas hervorschaute – aber was? Meine Ungezogenheiten des letzten Jahres wurden mir deutlich und vollständig aus dem großen, goldenen Buch vorgelesen. Als ich ein Gedicht aufsagen sollte, fiel mir nichts Passendes ein. Ich versuchte es mit dem Gedicht „Geh in den Garten am Barbaratag …“, das ich bei den Bergleuten kennengelernt hatte und mir als Einziges in den Sinn kam, aber da schaute der Nikolaus ganz betrübt, drehte sich um und ging.

Zwei Tage frei. Dann, am 9. Dezember, der 2. Advent. Mehr Lieder konnte ich immer noch nicht, aber ich musste unbedingt mit Plätzchenbacken anfangen.

Vanillekipferl auf alle Fälle, Lebkuchen und Zimtsterne – aber nur drei verschiedene Sorten? Und was war mit den ganzen leeren Dosen im Keller? Aber erst einmal war mein Backofen mit diesen drei Sorten ganz gut ausgelastet. Außerdem hatte ich mich für den Nachmittag wieder auf dem Christkindlmarkt verabredet. Herrje, so allmählich kam ich wirklich in Stress:

# Der Weihnachtsfeierer (3)

Die Plätzchen verbrannten, als ich die Päckchen meines Adventskalenders auspackte, die während meiner Abwesenheit hängen geblieben waren. Am 12. Dezember wollte ich in Italien sein. Unterwegs hatte ich ein bisschen Zeit, um mir die verschiedenen Weihnachtsmärkte anzuschauen. In manchen Gebieten Italiens geht am Abend des 12. Dezembers die heilige Lucia mit einem Esel von Haus zu Haus und verteilt Gaben an die Kinder. Das wollte ich gerne sehen. Mit der heiligen Lucia ist das gar nicht so einfach, denn am 13. Dezember wird in Schweden der Luciatag gefeiert. Warum die Lucia in Italien schon am 12. Dezember auf ihrem Esel unterwegs ist, weiß ich nicht, aber für mich war das ganz praktisch, denn so kam ich noch pünktlich in Schweden an und konnte dort das große schwedische Nationalfest erleben. Lucia, die Lichtträgerin, bringt in der dunkelsten Jahreszeit das Licht zu den Menschen. Jede Stadt, jedes Dorf und jede Familie hat eine Luciabraut. Sie trägt ein weißes Kleid und eine Lichterkrone mit brennenden Kerzen auf dem Haar und wird von singenden Kindern begleitet. Ihr zu Ehren gibt es leckere Süßigkeiten und viel Backwerk. Ein ruhiges Fest mit vielen Liedern, Schnee und Frost. Ich blieb noch zwei Tage länger, um den Schnee und die weiße Ruhe zu genießen. Mit Langlaufskiern machte ich mich auf, durch die Wälder, an den Seen vorbei. Ich sah Rentierspuren im Schnee, auch einen Elch aus der Ferne. Die Rentiere müssen sich ja auch bereit machen, denn bald werden sie vor den Schlitten von Santa Claus gespannt, der dann auch nach England und in die USA fährt, um die Kinder zu beschenken. Ich aber musste nach Hause: Der 3. Advent stand vor der Tür und meine Plätzchendosen waren immer noch leer. Am 3. Advent schaute ich mir ein Krippenspiel auf dem Christkindlmarkt an und war abends in der Kirche, wo das Weihnachtsoratorium gesungen wurde. Das ist ein sehr schönes, besinnliches Konzert, eine gute Einstimmung auf Weihnachten.

Mit dem Weihnachtsfest selbst hatte ich nun ein richtiges Problem: Wohin sollte ich gehen? Überall gleichzeitig konnte ich ja nicht sein – also musste ich meine Zeit gut einteilen. Am Abend des 24. Dezembers war ich in Spanien. Dort wird ein lautes, lustiges Fest auf den Straßen gefeiert. Die Menschen haben meist keine Weihnachtsbäume, denn in diesem Land wachsen sie nicht besonders gut und sind deswegen sehr teuer. Dafür wird getanzt und ein großes Feuerwerk abgebrannt. Früher war es üblich, dass die Kinder von Haus zu Haus gingen und sangen, aber diesen Brauch gibt es nur noch in vereinzelten Gebieten.

# Der Weihnachtsfeierer (4)

Zur Mitternachtsmesse, die auch in Spanien wichtig ist, wollte ich aber in Italien sein, denn dort wird dann die große Krippe enthüllt. Die Italiener verstehen sich darauf, kunstvolle Krippen aufzubauen und zu schnitzen. Sie wollen damit an Christi Geburt in Bethlehem erinnern und alle Menschen daran teilhaben lassen. Eine solche Krippe sah ich mir an.

Ich hatte mir eine Messe ausgesucht, die schon um Mitternacht zu Ende war, denn ich musste so schnell wie möglich mit dem Flugzeug nach England kommen. Ich wollte Santa Claus sehen, wie er mit seinem Rentierschlitten durch die Lüfte fuhr, durch die Kamine in die Häuser hineinkam und die aufgehängten Strümpfe der Kinder mit Süßigkeiten füllte – aber ich verpasste ihn knapp. In England wird der 25. Dezember, nach einem ruhigen

Weihnachtsabend, laut und fröhlich gefeiert. Durch die Fenster sah ich überall ausgelassene Menschen. Zum Teil wurden lustige Weihnachtslieder gesungen – auch ein Weihnachtslied, das gleichzeitig ein Liebeslied ist. Knallbonbons wurden aufgerissen, Spiele gespielt und viele Leute hatten lustige Papierhüte auf den Köpfen. Das Fest erinnerte mich ein bisschen an unser Silvesterfest.

Die Zeit war nun richtig knapp. Ich musste so schnell wie möglich wieder nach Schweden kommen. Am 26. und 27. Dezember wird in Schweden „Julklapp“ gefeiert. Man versucht dabei, bei Freunden und Verwandten möglichst schnell und unauffällig ein Geschenk abzugeben ohne erkannt zu werden. Die Geschenke sind mit lustigen Gedichten versehen. Überall stapfen Gestalten durch den Schnee, der nun noch höher liegt als zum Luciafest, klopfen irgendwo und verschwinden dann ganz schnell wieder. Ein lustiges Rätselraten beginnt, denn natürlich ist man neugierig und möchte wissen, von wem die Geschenke kommen.

Noch einmal musste ich nach Spanien, denn dort finden zwischen Weihnachten und Neujahr allerhand lustige bunte Umzüge und Straßenfeste statt, die ich mir nicht entgehen lassen wollte.

Silvester – ja, das wird überall laut und krachend gefeiert. Ich aber war mit dem Zug auf dem Weg nach Russland. Eine weite Strecke ist das; durch viele Orte mit lärmenden und feiernden Menschen kam ich. Feuerwerke konnte ich in dieser Nacht mehr als genug sehen. In Russland wird überall anders gefeiert, denn es gibt viele verschiedene Volksstämme mit unterschiedlichen Sitten und Traditionen.
In den christlichen Gebieten wird am 31. Dezember und 1. Januar ein ähnliches Fest wie bei uns zu Weihnachten gefeiert. Allerdings mit viel mehr Menschen, richtige Großfamilienfeste sind das.

 

# Der Weihnachtsfeierer (5)

Der Weihnachtsmann heißt hier Väterchen Frost – er beschenkt die Menschen in der Nacht auf den 1. Januar. Wie schon sein Name sagt, ist es eisig kalt und es liegt viel Schnee. Oft werden alte, selbst erlebte Geschichten von langen, eingeschneiten Tagen erzählt – wenn das Essen knapp war, das Brennholz unter dem Schnee vergraben lag und die Wölfe in den Wäldern heulten. Auch heute noch kann man die Tiere zu dieser Jahreszeit oft hören. Warmen Tee aus einem Samowar zu trinken, das hat mir dort gut gefallen. In Russland ist es Sitte, dass man sich in der Weihnachtszeit um die Armen, Einsamen und Kranken kümmert.

Durch das verschneite Europa ging es nun mit dem Zug zum dritten Mal nach Italien. Denn hier warten in vielen Teilen des Landes die Kinder auf die gute Hexe Befana. Sie kommt in der Nacht zum 6. Januar auf einem Besen durch die Luft und bringt den braven Kindern Geschenke. Die frechen und unartigen Kinder bekommen nur ein Stück Kohle in ihre Schuhe. Am Vorabend ziehen Erwachsene und Kinder als Befana verkleidet durch die Orte, singend und spielend. Die Lieder werden mit Instrumenten begleitet. Aber dieser Brauch ist in den meisten Gebieten in Vergessenheit geraten.

Am Dreikönigstag wollte ich mittags wieder zu Hause sein. Bei uns finden dort immer Dreikönigsumzüge und das Dreikönigsschwimmen statt: Viele Menschen schwimmen dabei eine ganze Strecke durch den kalten Fluss. Woher diese Tradition kommt, weiß ich nicht. Ich bewundere diese Menschen,

aber möchte um nichts in der Welt mit ihnen tauschen.

Ja, und dann waren meine Feierferien zu Ende – und ich war müde. Allein der Gedanke, dass schon in einem Monat die Faschings- und Karnevalsfeierei beginnen sollte, machte mir Bauchweh. Es waren schöne Wochen gewesen, aber jetzt weiß ich auch, dass mir ein Weihnachtsfest im Jahr völlig reicht. Die Adventszeit und dann Weihnachten, einmal.

*Silja Bembé*

Name:

# Kreuzworträtsel zum „Weihnachtsfeierer“

**Lies den Text aufmerksam. Trage dann die Antworten auf die Fragen in das Kreuzworträtsel ein. Die grauen Kästchen verraten dir das Lösungswort.**

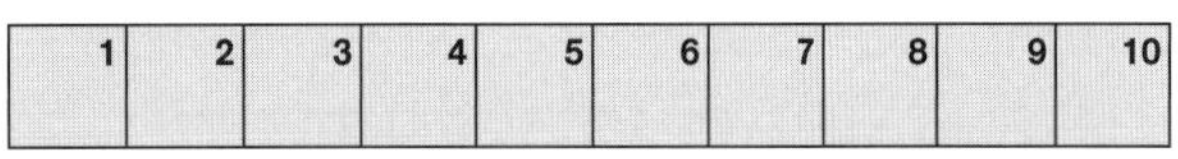

1. Was hat der Weihnachtsfeierer im Rucksack?
2. Wie heißt die Schutzheilige der Bergleute?
3. Wo wollte der Feierer am 5. Dezember sein?
4. Wie wird der Nikolaus in den Niederlanden genannt?
5. Womit bedanken sich die Kinder in Holland? Mit …
6. Wer stand am 6. Dezember vor der Tür?
7. Woraus liest der Nikolaus vor?
8. Wie heißt die Lichtbringerin?
9. Wie ist das Luciafest in Schweden?
10. Was schnitzen die Italiener gut?
11. Woraus sind die Weihnachtshüte der Engländer?
12. Was sieht der Weihnachtsfeierer auf seiner Fahrt nach Russland?
13. Was wird aus einem Samowar getrunken?
14. Worauf reitet die Befana?
15. Wie viele Weihnachtsfeste reichen dem Feierer in Zukunft?

 

Name:

# Weihnachtsgrüße aus Europa

In jeder Sprache klingt „Frohe Weihnachten“ anders.

**1. Welche Grüße kennst du? Verbinde die Grüße mit den richtigen Ländern.**

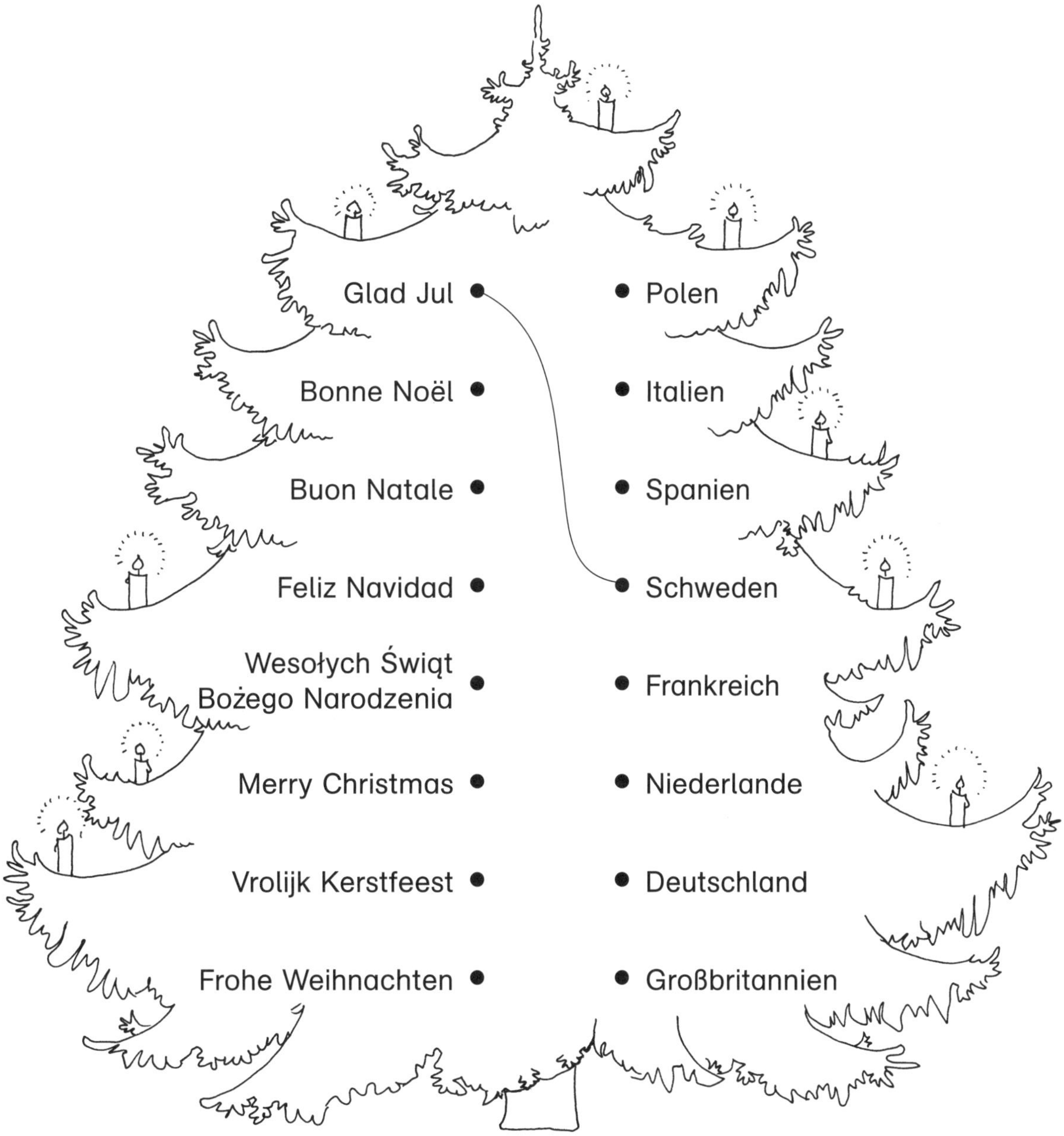


**2. Welche Grüße kennst du noch? Schreibe sie auf.**

___

___

# Immergrüne Bäume und Sträucher

Bäume und Sträucher A

Bäume und Sträucher A

Bäume und Sträucher B

Bäume und Sträuche B

Bäume und Sträucher C

Bäume und Sträucher C

Bäume und Sträucher D

Bäume und Sträuche D

## Vorbemerkung

Da der Weihnachtsbaum für viele Kinder ein sehr wichtiger Bestandteil von Weihnachten ist, erhält das Sachunterrichtsthema „Nadelbäume“ in der Weihnachtszeit einen besonderen Reiz. Es kann mit den Unterrichtsvorschlägen und Kopiervorlagen auf den folgenden Seiten eingeführt oder vertieft werden. Die historische und symbolische Bedeutung des Christbaums, die im Text „Die Geschichte des Weihnachtsbaums“ aufgegriffen wird, sollte dabei jedoch nicht aus dem Blick geraten.

## Lehrplanbezug

**Sachunterricht**

- Wald, Nadelbäume
- Heimatgeschichte, Bräuche und Traditionen

## Anregungen für den Unterricht

- Ein Unterrichtsgang zu einem Weihnachtsbaumverkaufsstand, um dort die verschiedenen Bäume zu betrachten und zu vergleichen. Auch können dort z. B. Auskünfte über Preise, Wachstum und Lebensdauer der Bäume eingeholt werden.
- Die Schüler können Zweige von zu Hause mitbringen, benennen, einordnen, betrachten und vergleichen.
- Aus verschiedenen immergrünen Zweigen kann Klassenzimmerschmuck hergestellt werden, z. B. ein Tischgesteck mit Kerzen, ein Adventskranz oder eine Winter- und Weihnachtslandschaft. Darauf kann aus selbst gemachten Figuren eine Krippe aufgebaut werden (siehe Korkenkrippe, Seite 86). Ein blaues Tuch als Hintergrund mit Goldpapiersternen oder Sternen aus weißem Seidenpapier (siehe Faltsterne, Seite 79) lässt einen festlichen Raum entstehen.

## Zu den Kopiervorlagen

KV Seite 34/35

**Die Geschichte des Weihnachtsbaums**

Der Text informiert über Geschichte, Symbolik und verschiedene Erscheinungsformen des Weihnachtsbaums. Möglicher anschließender Gesprächsanlass: Weihnachten ohne Weihnachtsbaum – kannst du dir das vorstellen?

KV Seite 36

**Die Geschichte des Weihnachtsbaums (Arbeitsblatt)**

Mithilfe der Fragen kann das Textverständnis überprüft werden. Bei Aufgabe 5 können die Schüler über und unter die Zeitleiste schreiben oder zeichnen und dann Verbindungslinien zu den jeweils passenden Jahreszahlen ziehen.

KV Seite 37

**Immergrüne Bäume und Sträucher**

Anschaulicher und einprägsamer können die Bäume und Sträucher präsentiert werden, wenn die Kinder im Klassenzimmer oder in der Natur eigene Beobachtungen an den Pflanzen vornehmen und schriftlich festhalten.

KV Seite 38

**Immergrüne Bäume und Sträucher (Arbeitsblatt)**

**Lösung**

*Aufgabe 1:*

Tanne, Aussterben, nadeln, schneller, kantig, Deutschland, Beeren, Stechpalme

# Die Geschichte des Weihnachtsbaums (1)

Wahrscheinlich kannst du dir nicht vorstellen, wie es ist, wenn es in der Weihnachtszeit und vor allem am Heiligen Abend keinen Christbaum gibt. Für uns heute sind Weihnachtsbäume eine Selbstverständlichkeit, aber das war früher nicht so.
Der Christbaum hat eine lange Geschichte, die immer und überall etwas anders erzählt wird. Schon vor Christi Geburt, also vor über 2000 Jahren, schnitten die Menschen in der Winterzeit immergrüne Zweige und hängten sie in den Zimmerecken auf. Diese Zweige sollten an den Sommer und das Leben erinnern. Außerdem glaubten die Menschen, dass die grünen Zweige eine Zufluchtsstätte für die freundlichen Waldgeister seien und so die bösen Geister aus den Häusern vertrieben würden.
Einige Zeit später begannen die Menschen in der dunkelsten Zeit des Jahres Lichter aufzustellen. Selbst in den Kuhställen gab es Winterlaternen, um die bösen Geister auch von dort fern zu halten.
Ungefähr 400 Jahre nach Christi Geburt begann man an wenigen Orten Weihnachten zu feiern. Man stellte Kerzen auf, fastete, betete und erinnerte sich an das Wunder der Geburt Jesu.
Erst aus dem Jahr 1604 gibt es den ersten Bericht über einen Weihnachtsbaum. Später dann verbreitete sich durch Martin Luther das Aufstellen von Weihnachtsbäumen, doch war es lange Zeit den Kirchen und sehr reichen Menschen vorbehalten. Diese hatten eigenen Wald, um dort einen Baum schlagen, oder genug Geld, um sich einen kaufen zu können. Schon immer waren die richtigen Tannenbäume die edelsten, teuersten und begehrtesten Bäume. Doch neben ihnen gab und gibt es noch Fichten, Douglasien, Kiefern, Stechpalmen, Buchsbäume oder Wacholder. Das sind alles immergrüne Bäume oder Sträucher, die in manchen Regionen besser wachsen als Tannen und vor allem preiswerter sind.

# Die Geschichte des Weihnachtsbaums (2)

Vor etwa 100 Jahren, so um das Jahr 1900 herum, verbreitete sich in ganz Deutschland die Sitte, an Weihnachten einen geschmückten Baum aufzustellen. Heute gibt es ihn in allen Ländern, in denen Weihnachten gefeiert wird – allerdings in vielen Ländern nur für reiche Familien, da es große Gebiete gibt, in denen die Nadelbäume nicht gut wachsen und sehr teuer sind, so z.B. auch in Spanien.

In Deutschland werden nun jedes Jahr etwa 22 Millionen Weihnachtsbäume verkauft. Sie stehen in den Schaufenstern, auf Marktplätzen, in den Kirchen und am Heiligen Abend in fast jeder Wohnung. Mehr und mehr verbreitet sich aber die Sitte, den Baum schon die ganze Adventszeit über in der Wohnung stehen zu haben.

22 Millionen Bäume sind eine ganze Menge, wenn man bedenkt, dass die meisten dieser Bäume davon nur etwa zwei Wochen ein Wohnzimmer schmücken und dann auf der städtischen Kompostanlage landen. Für diese zwei Wochen wachsen die Bäume etwa 6 bis 10 Jahre.

Für uns gehört ein Weihnachtsbaum zu Weihnachten, er ist eine Selbstverständlichkeit, auf die niemand verzichten möchte. Wir haben den Weihnachtsbaum lieb gewonnen, freuen uns schon lange im Voraus auf ihn, bis er dann im Kerzenlicht prächtig geschmückt vor uns steht.

Name:

# Die Geschichte des Weihnachtsbaums

**1. Lies den Text genau und unterstreiche alle Jahresangaben.**

**2. Woran sollten immergrüne Zweige in den Häusern die Menschen schon vor über 2000 Jahren erinnern?**

______________________________________________

______________________________________________

**3. Seit wie vielen Jahren ist das Aufstellen eines Weihnachtsbaums in ganz Deutschland üblich? Kreuze an.**

❏ seit 1000 Jahren ❏ seit 500 Jahren ❏ seit 200 Jahren

❏ seit 100 Jahren ❏ seit 10 Jahren

**4. Welche Bäume wurden und werden als Weihnachtsbäume verwendet? Schreibe sie auf.**

______________________________________________

______________________________________________

**5. Ergänze die Zeitleiste durch passende Stichwörter und Bilder, die du den Jahreszahlen zuordnest.**

# Immergrüne Bäume und Sträucher

**Die Tanne**

Es gibt verschiedene Tannenarten, so z. B. die Nordmannstanne und die Weißtanne. Tannen sind in ihrer ursprünglichen Umgebung zum Teil vom Aussterben bedroht.
Die Nordmannstanne ist zurzeit der beliebteste Weihnachtsbaum. Sie wird z. B. in Dänemark auf Plantagen gezüchtet. Tannenbäume nadeln erst nach ca. zwei Wochen in der Wohnung.
Tannen können 600 Jahre alt und bis zu 60 m hoch werden.
Die Nadeln der Tanne sind flach, sie haben auf der Unterseite zwei helle Streifen und stechen nicht. Die Zapfen der Tanne stehen aufrecht auf den Zweigen.

**Die Fichte**

Fichten werden wegen ihrer rötlichen Rinde auch Rottannen genannt, sind mit den Tannen aber nicht verwandt.
Fichten wachsen schneller als Tannen und sind viel unkomplizierter anzubauen, deswegen sind sie auch wesentlich billigere Weihnachtsbäume. Sie fangen allerdings in der Wohnung eher an zu nadeln.
Fichten können 600 Jahre alt und bis zu 50 m hoch werden. Ihr Durchmesser beträgt dann ca. 150 cm.
Die spitzen, kantigen Nadeln der Fichte sind rund um den Zweig herum angewachsen. Sie sitzen dort auf kleinen, braunen Blattkissen. Die Zapfen der Fichte hängen nach unten.

**Die Stechpalme**

Stechpalmen haben mit Palmen nichts gemeinsam. Sie heißen so, weil sie früher am Palmsonntag verwendet wurden.
Damals waren sie ein weit verbreiteter Weihnachtsschmuck, heute werden sie besonders in England als Weihnachtsbaum oder Zimmerzweig zur Weihnachtszeit verwendet.
Stechpalmen sind immergrüne Büsche.
Sie können bis zu 10 m hoch und 300 Jahre alt werden und wachsen in Fichten- und Buchenwäldern als Unterholzgebüsch.
Zunehmend werden sie in Gärten und Parks angepflanzt.
Die Blätter der Stechpalmen sind glänzend, dornig, eiförmig und gezähnt. Besonders hübsch sind die Beeren, die genau zur Weihnachtszeit rot werden. Vorsicht, die Beeren sind giftig!
Stechpalmen sind geschützte Pflanzen.

**Der Wacholder**

Wacholder sind immergrüne Sträucher oder kleine Bäume.
Die Nadeln sind kurz und um die Zweige herum angeordnet.
Sie liegen eng an den Zweigen.
Der Wacholder hat dunkelblaue Beeren, die man als Würzmittel z. B. für Sauerkraut verwendet. Auch in der Schnapsindustrie sind sie wichtige Aromastoffe. Wacholder wächst auf trockenen, sandigen Böden und bleibt auf Weiden oftmals als einzige größere Pflanze stehen, da er unverträglich für Weidetiere ist.
Das Holz des Wacholders ist wohlriechend und war deshalb in den Zimmern zur Winterzeit begehrt. Auch war der Wacholder ein Baum der Armen: Jeder konnte sich ein paar Zweige davon abschneiden. Heute kennt man ihn in Deutschland als Weihnachtsbaum kaum noch, in Irland aber wird er z. B. weiterhin als solcher verwendet.

Name:

# Immergrüne Bäume und Sträucher

**1. Fülle die Lücken im Text aus.**

In Deutschland heißt der beliebteste Weihnachtsbaum ______________.

Tannen sind in einigen Gebieten vom ________________________ bedroht.

Im Vergleich zu Fichten ________________ Tannen später in der Wohnung.

Fichten wachsen ________________ als Tannen. Ihre Nadeln sind spitz und ____________.

Wacholder und Stechpalme sind in ________________________ als Weihnachtsbaum nicht mehr sehr verbreitet.

Diese beiden immergrünen Gewächse haben _________________,
allerdings sind die Beeren der ___________________ giftig.

**2. Schreibe die Namen der Pflanzen zu den Zeichnungen.**

_________________ _________________ _________________ _________________

**3. Schreibe fünf Unterschiede von Tanne und Fichte auf.**

| Tanne | Fichte |
| --- | --- |
| _______________ | _______________ |
| _______________ | _______________ |
| _______________ | _______________ |
| _______________ | _______________ |
| _______________ | _______________ |

 

# Schneespuren

Schneespuren A

Schneespuren A

Schneespuren B

Schneespuren B

Schneespuren C

Schneespuren C

Schneespuren D

Schneespuren D

## Vorbemerkung

Spurenlesen bringt uns den Geheimnissen der Natur näher. Der Winter bietet sich besonders an, um sich in dieser Kunst zu üben. Spuren sind nicht nur Fuß- und Hufabdrücke, sondern ebenso Biss- und Fraßstellen an Bäumen und Sträuchern, Kot, Wühlstellen, herumliegende Federn, Pflanzensamen … Sie alle verraten uns etwas über die Natur und ihre Bewohner. Spuren sind aber auch Reifenspuren von Autos und Fahrrädern oder in der Natur herumliegender Müll. Im Schnee ist es für uns etwas einfacher, Tierspuren zu erkennen, weil sie deutlich umgrenzt und tiefer sind als auf anderen Untergründen.

## Lehrplanbezug

**Sachunterricht**

- Tiere des Waldes kennenlernen, Kennen und lieben der Natur
- Der Schnee

**Deutsch**

- Spuren als Schrift

## Zu den Kopiervorlagen

Bei einem Unterrichtsgang im Winter, z. B. mit einem Förster, können die Kinder die Natur bewusst wahrnehmen und aus Spuren Schlüsse ziehen. Er lässt sich auch gut mit der Betrachtung und Bestimmung von Nadelbäumen (Seite 32 – 38) und Spielen im Schnee (Seite 100 – 103) verbinden. Setzen Sie vorher die Arbeitsblätter und Memorykarten ein, damit die Kinder auch Erfolgserlebnisse beim Spurensuchen haben.

KV Seite 41

**Spuren im Schnee**

Das Arbeitsblatt eignet sich als Einstieg. Die Kinder zeichnen zuerst Bekanntes und stellen dann eigene Überlegungen zu Spuren im Wald an.

KV Seite 42/43

**Schneespuren-Memory**

Nun kann das Memory ausgeteilt und besprochen werden. Die Begriffe Hufe, Tatzen und Klauen können verwendet werden, um die Spurenunterschiede deutlich zu machen. Die Memorykarten können von den Kindern angemalt werden. Laminiert und ausgeschnitten sind sie später in der Freiarbeit einsetzbar.

KV Seite 44

**Wer war hier unterwegs?**

**Lösung**

*Aufgabe 1:*

*Aufgabe 2:*

Fasan, Mensch, Fahrrad, Katze

Name:

# Spuren im Schnee

Wenn es richtig schneit, entsteht eine schöne, weiße Decke. Schon bald können wir überall im Schnee Spuren erkennen: Spuren von Fahrrad- oder Autoreifen, Hundespuren, Schlittenspuren, Fußspuren von Menschen usw.

**1. Wie sehen wohl die Spuren von Kinderschuhen aus? Und von Erwachsenen? Zeichne sie in die beiden Kästchen.**

Im Wald und auf Feldern sehen wir ganz andere Spuren als in der Stadt.
Wenn man sich auskennt, kann man genau sehen, wer diese Spuren hinterlassen hat.

**2. Überlege, wer oder was alles Spuren macht, und schreibe es auf.**

# Schneespuren-Memory (1)

| | | | |
|---|---|---|---|
| <br>Hirsch | <br>Fuchs | 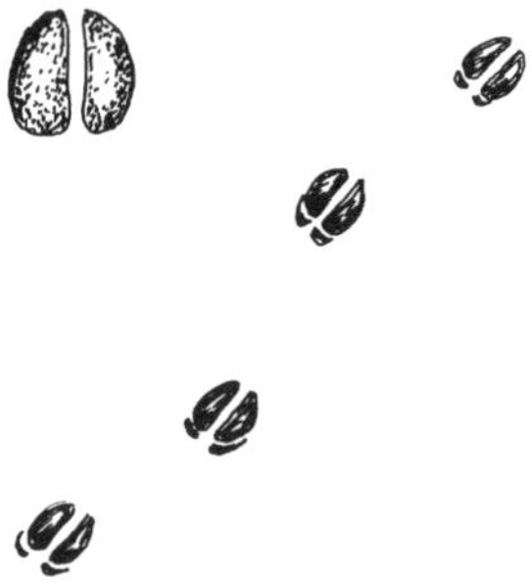<br>Rind | 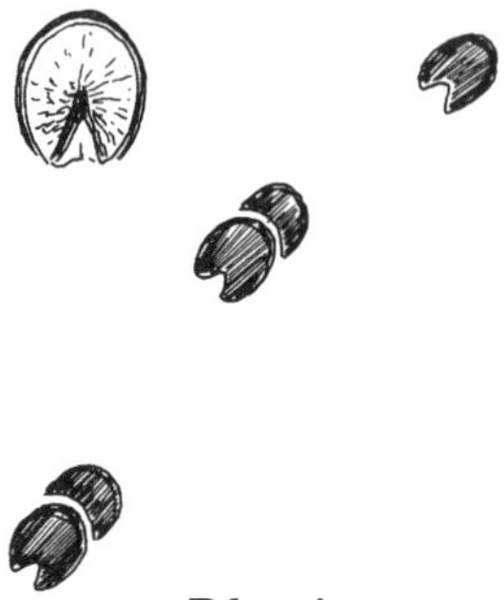<br>Pferd |
| <br>Rind | <br>Katze | <br>Krähe | <br>Hirsch |
| <br>Pferd | <br>Hund | <br>Wildschwein | <br>Amsel |
| <br>Reh | <br>Wildschwein | <br>Hund | <br>Katze |
| <br>Krähe | <br>Amsel | <br>Fuchs | 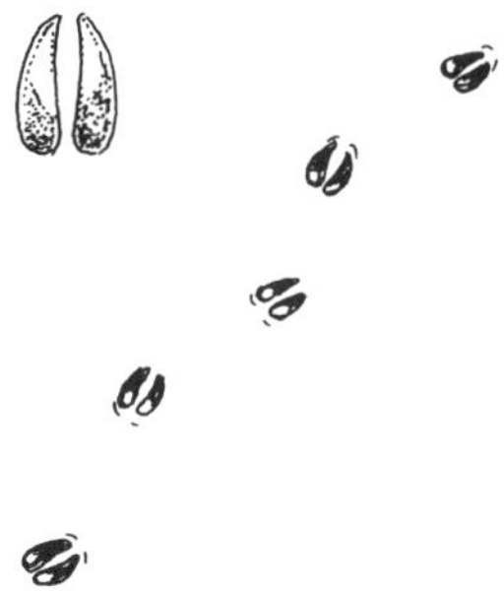<br>Reh |

# Schneespuren-Memory (2)

Hausschaf

Hausziege

Feldmaus

Dachs

Dachs

Marder

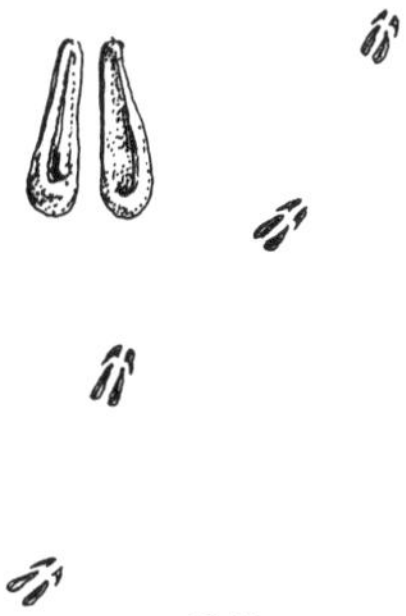

Gämse

Jagdfasan

Feldmaus

Stockente

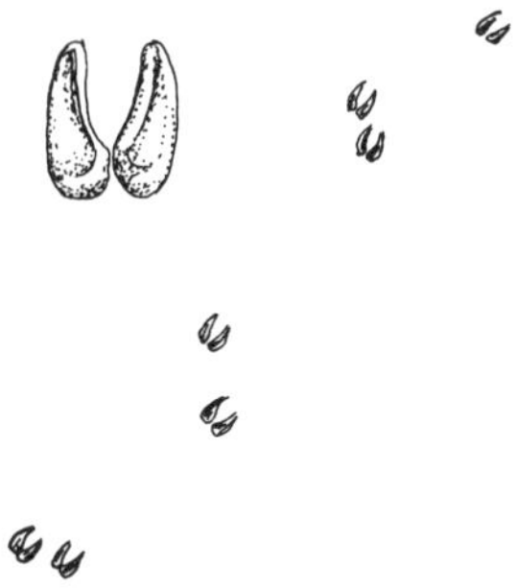

Hausziege

Eichhörnchen

Gämse

Feldhase

Marder

Feldhase

Eichhörnchen

Jagdfasan

Stockente

Hausschaf

Name:

# Wer war hier unterwegs?

Bist du ein guter Spurendetektiv? Schau genau, wer hier alles unterwegs war.

**1. Schreibe auf die Linien im Bild, wer an diesem Ort wohnt.**

**2. Schreibe auf, wer noch alles vorbeigekommen ist.**

# Schenken in der Weihnachtszeit

Schenken A

Schenken A

Schenken B

Schenken B

Schenken C

Schenken C

Schenken D

Schenken D

## Vorbemerkung

Viele Kinder wissen kaum noch etwas über Weihnachten, seine Entstehung und seine Bedeutung für die christliche Kultur. Für sie gehören zu Weihnachten der Christbaum und die (eigenen!) Geschenke. Das Weihnachtsfest war gut, wenn es die gewünschten Geschenke gab. Weihnachten ist mehr und mehr ein Konsumfest geworden. Das heißt aber nicht, dass das Thema Geschenke in der Schule ausgespart werden sollte. Vielmehr ist darauf abzuzielen, den Kindern andere Aspekte des Schenkens nahezubringen.

## Lehrplanbezug

**Ethik**
- Wünsche haben und verzichten können
- Freunde haben, den anderen achten

**Sachunterricht**
- Wünsche und Bedürfnisse, Konsumverhalten
- Leben früher und heute, Leben in einer Gemeinschaft, meine Familie

**Deutsch**
- Gespräche führen
- Texte selbst verfassen
- Umgang mit verschiedenen literarischen Formen

**Kunst, Werken und Gestalten**
- Gestalten mit Papier
- Drucken
- Gebrauchsgegenstände herstellen

## Anregungen für den Unterricht

- Die Unterrichtsideen zum Backen und Basteln aus diesem Material (Seite 105–110 und 76–89) eignen sich auch als Geschenke.
- Gestaltungsvorschläge für selbst gemachte Briefkarten (siehe auch Seite 72):
  *Stempeldruck* (Kartoffeldruck, Korkenstempel, Styropor, Pappkantendruck)
  *Wachsschmelzbilder:* Mit Wachsmalkreide werden verschiedene abstrakte Formen dick auf Butterbrotpapier gemalt. Das Papier wird mit der Farbe nach innen zusammengefaltet. Etwas Zeitungspapier darüber legen und das Papier bügeln. Die Wachsmalfarben zerlaufen bei Hitze und hinterlassen sehr dekorative Farbkompositionen. Bei dieser Technik ist jedes Bild unvorhersehbar und doch immer schön. Das fertige Papier kann zurechtgeschnitten und aufgeklebt werden.
  *Wunsch- oder Gedichtkarten:* Die Kinder beschriften eine Seite der Briefkarten in Schönschrift mit kleinen Gedichten oder Weihnachtswünschen. Die andere Seite kann dann bemalt oder wie oben beschrieben gestaltet werden. Schön ist es, wenn die Briefkarten aus etwas stärkerem Papier sind und Umschläge haben. Auch diese können mit Schmuckleisten verziert werden.
- Ein Geschenk, das gut in der Schule angefertigt werden kann, ist ein selbst gemachter Kalender. Hier lohnt es sich, frühzeitig mit dem Gestalten zu beginnen. Kalendervordrucke erhält man in Bastelgeschäften, Fotoläden oder Schreibwarengeschäften. Übers ganze Jahr können Schülerarbeiten gezielt dafür gemacht und in einer Mappe gesammelt werden. Jede Seite kann anders gestaltet werden: Bilder zu den Monaten, Zeichnungen, schön geschriebene Gedichte, Fotos, Bilder aus gepressten Blumen oder aufgeklebten Blättern … Empfehlenswert ist es, fertig Gestaltetes einzukleben und nicht auf den Kalender selbst zu malen.
- Zusammen kann überlegt werden, wie die Klasse ärmeren Kindern etwas zu Weihnachten schenken oder ihnen finanziell helfen kann (siehe Projektvorschlag, Seite 118–123).

## Zu den Kopiervorlagen

KV Seite 48

**Schenken in der Weihnachtszeit**

Der Text erläutert die historischen Ursprünge und die symbolische Bedeutung des Schenkens zu Weihnachten. Abschließend geht er auch auf den vor allem in Holland und Schweden praktizierten Brauch ein, zu jedem Geschenk ein kleines Gedicht zu verfassen. Dieser Brauch wird auf der Kopiervorlage „Ein Gedicht zum Geschenk“ (Seite 50) aufgegriffen.

KV Seite 49

**Schenken in der Weihnachtszeit (Arbeitsblatt)**

Das Blatt dient zunächst der Prüfung der Textkenntnis. Dann werden die Kinder angeregt, sich über immaterielle Wünsche und Geschenke Gedanken zu machen.

KV Seite 50

**Ein Gedicht zum Geschenk**

Hier kann der im Text „Schenken in der Weihnachtszeit“ erwähnte Brauch von den Kindern selbst umgesetzt werden. Natürlich macht es besonders viel Spaß und Sinn, wenn die Kinder das Gedicht zu einem Geschenk schreiben, das sie auch tatsächlich verschenken möchten. Um eventuelle Hemmschwellen abzubauen, kann zuvor besprochen werden, dass es nur darum geht, in netter oder lustiger Form ein Geschenk zu beschreiben, also kein Beitrag für ein Gedichtbuch entstehen muss. Reimwörter können in dem Zusammenhang wiederholt werden – aber nicht jedes Gedicht muss sich reimen.

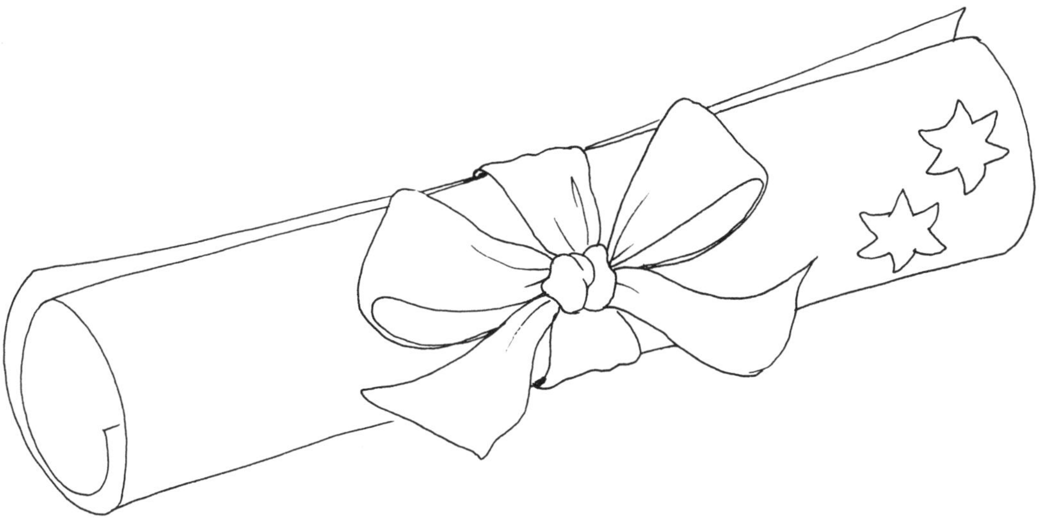

# Schenken in der Weihnachtszeit

Schon in vorchristlicher Zeit war es üblich, sich zum Jahresende zu beschenken. Die Römer feierten zu dieser Zeit das Fest des Saturn. Zu seinen Ehren gab es Geschenke. Ebenfalls zur Jahreswende wurden Mägde und Knechte mit Geld und Kleidern beschenkt und für ein weiteres Jahr „verdingt“, also eingestellt.

Im Christentum erinnern die Geschenke einerseits an das große Geschenk, das den Menschen mit Christi Geburt gemacht wurde, andererseits an die Gaben, welche die Heiligen Drei Könige dem Jesuskind an die Krippe brachten. So bekommen die Kinder in vielen Ländern auch heute noch ihre Weihnachtsgeschenke am 6. Januar, dem Tag der Heiligen Drei Könige.

In reichen Ländern wie Deutschland ist es inzwischen in fast allen Familien üblich, dass die Kinder Weihnachtswünsche haben, von denen viele erfüllt werden. Doch das ist noch nicht lange so. Früher war genau festgelegt, was es an Weihnachten gab: Kleidung, Zuckerzeug, Weihnachtswecken oder Weihnachtskreuzer, also Geld. Es wurden nützliche Dinge geschenkt und Sachen von symbolischem Wert. Das ist heute bei uns fast in Vergessenheit geraten. In jeder Region und in jedem Jahrhundert gab es unterschiedliche Sitten, Möglichkeiten und Erwartungen.

Heute noch ist es z. B. in den Niederlanden und in Schweden üblich, dass man zu jedem Geschenk ein kleines Gedicht schreibt. Diese Gedichte sollen lustig sein und zu dem Beschenkten oder dem Geschenk passen. Sie können auch an etwas erinnern, das man im letzten Jahr zusammen erlebt hat. So wird jedes Geschenk zu etwas Persönlichem, das man nicht einfach im Kaufhaus besorgen kann.

Name:

# Schenken in der Weihnachtszeit

**1. Lies den Text genau.**

**2. Woran sollen die Geschenke zu Weihnachten erinnern? Schreibe zwei ganze Sätze.**

Welche Dinge, die man nicht kaufen kann, wünschst du dir? (Zum Beispiel Zeit für ein gemeinsames Erlebnis mit …, oder …?)

**3. Schreibe zwei solche Wünsche in die Sterne.**

Überlege, womit du deinen Eltern, Großeltern, Freunden oder anderen Menschen, die du gern hast, eine Freude machen könntest. Diese Geschenke sollen aber nichts kosten! Die Schneeflocken helfen dir.

**4. Trage in die Spalten ein, wem du was schenken willst.**

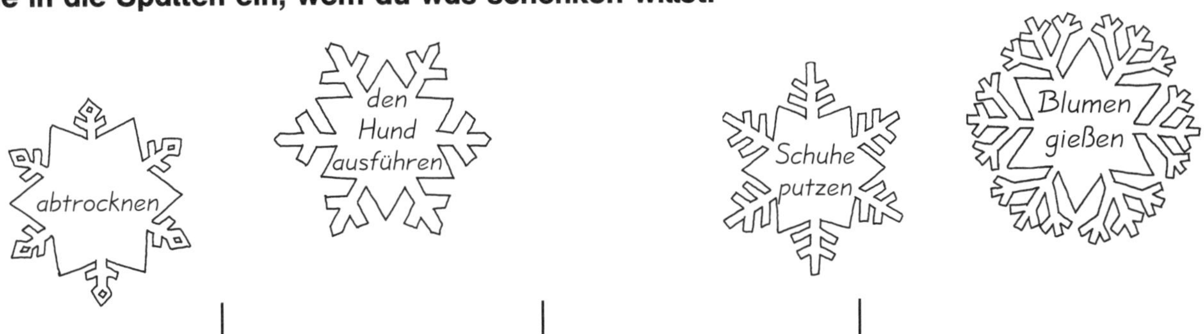

Name:

# Ein Gedicht zum Geschenk

In den Niederlanden und in Schweden ist es üblich, zu jedem Geschenk ein Gedicht zu schreiben. So wird es zu etwas ganz Besonderem. Auch du kannst solch ein Gedicht machen. Es muss nicht lang sein, aber zu dem passen, was du verschenken willst. Wenn dein Freund z.B. oft zu spät zur Schule kommt, kannst du ihm schenken, dass du ihn morgens pünktlich abholst. Ein Gedicht dazu könnte so lauten:

*Des Morgens ist es immer spät,*
*wenn Daniel zur Schule geht.*
*Drum hol ich ihn nun pünktlich ab,*
*zur Schule geht es dann im Trab.*

**Denk dir selbst ein Geschenkgedicht aus und schreibe es auf.**

 

# 2. Kapitel: Texte und Gedichte

Texte A

*Weihnachten*

*Markt und Straßen stehn verlassen,*
*still erleuchtet jedes Haus,*
*sinnend geh ich durch die Gassen,*
*alles sieht so festlich aus.*

Texte A

Texte B

*An den Fenstern haben Frauen*
*buntes Spielzeug fromm geschmückt,*
*tausend Kindlein stehn und schauen,*
*sind so wunderstill beglückt.*

Texte B

Texte C

*Und ich wandre aus den Mauern*
*bis hinaus ins weite Feld,*
*hehres Glänzen, heil'ges Schauern!*
*Wie so weit und still die Welt!*

Texte C

Texte D

*Sterne hoch die Kreise schlingen,*
*aus des Schnees Einsamkeit*
*steigt's wie wunderbares Singen –*
*o du gnadenreiche Zeit!*

*Joseph von Eichendorff*

Texte D

## Vorbemerkung

Eine große thematische Bandbreite bietet dieses Kapitel: Von den Erscheinungsformen des Winters geht es über die geheimnisvollen Aktivitäten von Christkind und Nikolaus bis zu den Weihnachtsträumen der Kinder. Aber auch sprachliche Besonderheiten sind mit einem plattdeutschen Weihnachtsgedicht und dem „Nikolaus-Abc" vertreten.

## Lehrplanbezug

**Sachunterricht**

- Orientierung im Raum, Umgang mit einer Karte
- Die Welt
- Jahreszeiten, Tiere im Winter
- Regionale Bräuche zu Weihnachten („Kiek an, ...")

**Deutsch**

- Sprechen und Gespräche führen, einander zuhören
- Lesen, mit Texten umgehen
- Eigenheiten der Sprache wahrnehmen, Dialekte („Kiek an, ...")
- Umgang mit dem Wörterbuch, Wiederholung des Abc („Das Nikolaus-Abc")

**Ethik**

- Meine Wünsche und Bedürfnisse („Der Traum")

## Zu den Kopiervorlagen

KV Seite 55/56

**Herr Winter**

Hierbei handelt es sich um einen poetischen Text, in den reale Vorkommnisse aus der Natur einfließen. Der Winter wird in der Geschichte personifiziert, was mit der Klasse gemeinsam erarbeitet werden sollte. Hilfreich zur Veranschaulichung dieses Stilmittels kann das Gemälde „L'hiver" von Giuseppe Arcimboldo (um 1527–1593) sein: ein „Porträt" des Winters, das sich aus Pflanzenteilen und Früchten zusammensetzt.

Der Text eignet sich als Lesetext oder Leseprobe, auch im Vergleich zu dem Gedicht „Ein Lied, hinterm Ofen zu singen" von Matthias Claudius (Seite 59/60).

Vertiefend kann auf das Thema Tiere im Winter eingegangen werden: Fellveränderungen, Wintergewohnheiten und Spuren im Schnee (siehe Seite 39–44).

Die Kinder können sich in einem anschließenden Gespräch darüber Gedanken machen, wie im Vergleich „Herr Sommer" oder „Frau Sommer" sein könnten: Wo wohnt er/sie? Was mag er/sie? Wie sind „Herr/Frau Frühling" und „Herr/Frau Herbst"? Hierzu können auch kleine Geschichten oder Gedichte verfasst werden.

KV Seite 57

**Herr Winter (Arbeitsblatt)**

Die Wintervorbereitungen der Menschen und Tiere können dem Text entnommen, aber auch durch eigenes Wissen ergänzt werden. Auch bei der vierten Aufgabe können die Kinder ihre eigenen Erfahrungen mit der kalten Jahreszeit einfließen lassen.

KV Seite 58

**Ewiges Eis**

Als Vorübung können gemeinsam auf einer Weltkarte oder auf einem Globus die Regionen betrachtet werden, in denen das ganze Jahr über Eis und Schnee liegen. Dann können die Kinder das Blatt in Partner- oder Gruppenarbeit ausfüllen. Hierbei geht es vor allem darum, das Bewusstsein für ein Leben unter gänzlich anderen Voraussetzungen zu schärfen: Wie leben Menschen, bei denen immer Schnee liegt?

Arbeitsblätter, die sich mit dem Thema „Winter" verbinden lassen, sind außerdem:

- Zusammengesetzte Schneewörter (Seite 69)
- Spiele im Schnee (Seite 100–103)

KV Seite 59

### Ein Lied, hinterm Ofen zu singen

Matthias Claudius lebte von 1740–1815. Das Gedicht wurde auch als Volkslied „Der Winter ist ein rechter Mann" vertont. In vielen Fassungen werden nicht alle Strophen gedruckt. Als Lied ist es recht schwierig, aber als Gedicht gut zur Charakterisierung des Winters geeignet. Viele Eigenschaften des Winters werden angesprochen, ähnlich wie in dem Text „Herr Winter". Worte, die den Kindern nicht geläufig sind, können gemeinsam geklärt werden (die Vapeurs = Blähungen, im übertragenen Sinne: schlechte Laune).

Sprechen Sie mit den Schülern darüber, wie es zu der Überschrift kommt. Nach dem Vortragen des Gedichts kann auch gemeinsam nach einer anderen Überschrift gesucht werden.

KV Seite 60

### Ein Lied, hinterm Ofen zu singen (Arbeitsblatt)

Aufgabe 1 sichert das Leseverständnis.
Bei Aufgabe 2 sollen die Kinder passende Adjektive zum Winter finden. Sie müssen nicht im Text stehen, sollten aber dazu passen.

Aufgabe 3 bietet die individuelle Umsetzung des Gedichts zu einem kleinen Winterbild. Der Winter kann hier als Schnee- und Eislandschaft oder – in Anlehnung an Text und Gedicht – in personifizierter Form dargestellt werden.

**Lösung**
*Aufgabe 1:*
Eisen – Frost – Nordpol – Eis

KV Seite 61

### Kiek an, wat is de Himmel so rot!

Für die meisten Kinder wird das plattdeutsche Gedicht erst einmal unverständlich und komisch sein. Ein Gespräch über verschiedene deutsche Dialekte ist empfehlenswert. Einige Wörter können vorab geklärt werden: kieken = gucken, schauen; Stuten („St" nicht „scht" aussprechen, sondern wie in Fest) = Weißbrot (hier in etwa: Weihnachtswecken); lütt = klein; Leckersnute = Leckerschnute, Leckermäulchen.

Das Gedicht kann dann gemeinsam oder in Einzel- bzw. Partnerarbeit übersetzt werden.

In jeder Region gibt es mundartliche Weihnachtsgedichte. Bestimmt kennen einige Eltern oder Großeltern noch solche Gedichte, die in der Klasse gesammelt werden können. So kann das Gedicht Anregung zum Thema „Unterschiedliche Weihnachtsbräuche in Deutschland" sein. Jede Familie und jede Region hat eigene Gewohnheiten, Bräuche und Spezialitäten.

Vor dem Ausmalen des Bildes kann darüber gesprochen werden, wann der Himmel tatsächlich rot aussieht (bei Sonnenauf- und Sonnenuntergang). Für das Malen können Buntstifte oder Wasserfarben und Deckweiß verwendet werden.

KV Seite 62

### Das Nikolaus-Abc

Lesen Sie den Kindern den Gedichtanfang bis einschließlich zur Zeile „Häusern seine Gaben hin" vor. Hier können die Kinder Vermutungen äußern, wer gemeint ist. Eventuell müssen noch die beiden nächsten Zeilen vorgelesen werden.

Dann erst bekommen die Kinder das Gedicht, um es selbst zu lesen. Sie sollen alleine darauf kommen, dass sich das Abc in den Anfangswörtern versteckt und für das Gedicht eine Überschrift finden. Die Überschriften kann man als Tafelanschrift festhalten, vergleichen und besprechen. Nun kann die eigentliche Überschrift vorgestellt werden. Vielleicht überschneidet sie sich mit Vorschlägen von den Kindern.

KV Seite 63

### Mein Advents- und Weihnachts-Abc

Während die Abc-Wörter im Krüss-Gedicht zum größten Teil nichts mit Nikolaus oder Weihnachten zu tun haben, soll das eigene Abc nur aus „echten Advents- und Weihnachtswörtern" bestehen.

**Mögliche Lösungen**
Advent / Apfel / Ankunft, Barbara / Befana / Bethlehem, Christkind / Christstollen/Christbaum, Drei Könige / Datteln, Engel / Erwartung, Freude / Fest, Geburt / Glocken / Geschenke / Gold, Hirten / Heiligabend, innig / Ingwer / Israel, Jesus / Josef, Krippe / Kerzen, Lucia / Lebkuchen / Lieder, Maria / Myrrhe, Nikolaus / Nüsse, Ochse / Offenbarung / Oratorium, Pyramide / Plätzchen, Quarkstollen / Quittenbrot, Ruprecht / Rosen, Stall / Stern / singen, Tannenbaum, Ungeduld, Verschenken / Verkündigung / Vorfreude, Weihnachten / Wünsche / Weihrauch, Zimtsterne / Zuckerwerk

KV Seite 64

### Mein Weihnachtstraum

Die Kopiervorlage mit dem Schreibanlass kann zur Vertiefung des Gedichts – also im Anschluss daran – eingesetzt werden. Unvoreingenommener und offener werden die Kinder aber von ihrem Weihnachtstraum schreiben, wenn sie das Gedicht noch nicht kennen.

## Der Traum

KV Seite 65

August Heinrich Hoffmann von Fallersleben wurde am 2. April 1798 in Fallersleben bei Braunschweig geboren und starb am 19. Januar 1874 im Kloster Corvey.

Das Gedicht kann dazu anregen, sich über die eigenen Vorstellungen, Erwartungen, Wünsche und Träume angesichts des bevorstehenden Weihnachtsfests Gedanken zu machen. Auch kann anhand des Gedichts besprochen werden, wie vor etwa 150 Jahren der Baum geschmückt war und wie sich die Kinderträume und -erwartungen im Vergleich zu heute gewandelt haben.

Die letzten beiden Strophen bringen einen moralischen Aspekt in das Gedicht: Kinder müssen brav und artig sein, damit sie an Weihnachten beschenkt werden. Diese erzieherische Funktion füllt bei uns üblicherweise der Nikolaus bzw. sein Knecht aus, der den unartigen Kindern Ruten bringt. Die meisten Kinder kennen sicher die Ermahnungen zur Weihnachtszeit, angesichts der bevorstehenden Bescherung besonders brav sein zu müssen. Im Gedicht kommen sie nicht von den Eltern, sondern von dem erträumten Weihnachtsbaum selbst.

# Herr Winter (1)

Endlich ist es wieder so weit, die kalten Monate des Jahres stehen bevor. In ganz Europa hat Herr Winter seinen Einzug gehalten und schon hier und da seine weißen Decken ausgebreitet. Die letzten Blätter pustet er von den Bäumen, an den Regenrinnen gefrieren die Wassertropfen zu glitzerndem Eis. Noch sind sie klein, aber im Norden wachsen die Eiszapfen schnell. Dort gibt es keinen grauen Novemberregen, sondern weißen, gleißenden Schnee. Wie kleine, feine Wolken steht der Atem der Menschen und Tiere für einen kurzen Moment in der Luft, bevor er sich in Nichts auflöst und Platz für die nächste Wolke macht.

Die Menschen machen sich bereit: tief in die Stirn gezogene Mützen und Kapuzen, eingepackte Kinder, die sich in ihren knisternden Schneehosen kaum mehr bewegen können, Handschuhe, Taschentücher und heißer Tee. In den südlicheren Ländern werden Regenschirme und Gummistiefel herausgeholt. Dort hoffen die Kinder, dass endlich, endlich auch ein bisschen Schnee fällt.

Und Herr Winter? Er lässt sich Zeit, hat genug Platz, um woanders seine Sachen auszubreiten. Wird er alles in sein stummes, leichtes Weiß kleiden? Die Kinder hoffen es, warten darauf. Wenigstens einmal Schlitten fahren, einmal Schneebälle werfen. Gemütlich zieht Herr Winter von Ort zu Ort, von Berg zu Berg, schaut durch die Fenster, deckt braune Erde zu, bringt seine Begleiter mit: Frost, Eis, rote Nasen und bullernde Holzöfen.

Wie die Menschen, so haben sich auch die Tiere vorbereitet. Einige wollen Herrn Winter nicht treffen, sie verschlafen lieber die kalten Monate. Andere haben sich in den Süden davongemacht und wieder andere haben dem Winter zu Ehren ihr Aussehen verändert, sich ein weißes Kleid besorgt. Sie warten darauf, im Schnee unsichtbar zu werden, nur ihre Spuren in ihn einzuprägen – für geübte Augen.

# Herr Winter (2)

Herr Winter hat Freude daran, die Menschen aus den Häusern zu locken, ihr buntes Treiben zu beobachten, das Jauchzen der Kinder zu hören. In den Bergen beginnt die Skisaison, überall flitzen und kratzen die Skier über den Schnee, kitzeln ihn. Herr Winter hält viel aus, doch manchmal muss er lachen. Erst leise, sachte, niemand merkt etwas davon, doch dann rollt sein Lachen über die Berge. An steilen, ungeschützten Stellen beginnt sich der Schnee zu lösen, sich in großen Schneelawinen auf den Weg ins Tal zu machen. Ihm gefällt dieses donnernde Poltern, ebenso das Krachen von Eis auf den Seen und Flüssen. Beides gehört zu ihm, ist ein Teil von ihm. So ist Herr Winter: einerseits zärtlich und weich – und dann wieder unerbittlich und hart, ohne Gnade.

Nach ein paar Monaten aber wird Herr Winter müde. Er will sich zurückziehen. Leise geht er, wie er gekommen ist. Erst hier, dann dort, die Eiszapfen beginnen zu tropfen, die weißen Schneedecken verfärben sich, dann verschwinden sie ganz. Wie das Winterkleid der Tiere.

Doch ganz geht Herr Winter nie. Immer hat er auch Sommergebiete, wo er das ganze Jahr über zu Hause ist. Ruht er sich dort aus? Er klettert die Berge höher und höher hinauf, lässt sich den frischen Bergwind um die Nase streichen. Die Gletscher der Alpen sind ein ewiger Teil von ihm. Im flachen Land zieht er sich nach Norden zurück, dahin, woher er auch gekommen ist.

Auf jedem Kontinent der Erde hat Herr Winter Gebiete, die immer unter seiner Herrschaft stehen. Nord- und Südpol gehören ihm. Polarfüchse und Wölfe, Eisbären, Pinguine und Robben sind dort seine Gesellschaft. In den Alpen werden an seinen Herrschaftsgrenzen bald Kühe mit läutenden Glocken grasen, der Enzian blühen und die Wanderer eine Rast einlegen. Neben dem ewigen Schnee der hohen Berge in den Anden Südamerikas werden Lamas ihr Futter suchen, Vulkane ihre Dämpfe ausstoßen und sich eine ruhige, endlose Steinwüste neben dem Schnee erstrecken. Vom Kilimandscharo in Afrika wird Herr Winter die Elefantenherden vorbeiziehen sehen, von den Berggipfeln Äthiopiens das Elend der armen Länder. Und im Himalaja? Wird Herr Winter dort die Yetis zur Gesellschaft haben? Niemand weiß das, nur er.

*Silja Bembé*

Name:

# Herr Winter

**1. Lies den Text gut durch. Unterstreiche Wörter, die du nicht kennst.**

**2. Wie bereiten sich die Menschen auf den Winter vor? Male vier wichtige Dinge.**

**3. Was machen die Tiere? Schreibe drei Möglichkeiten in ganzen Sätzen auf.**

Im Text steht, dass der Winter „einerseits zärtlich und weich – und dann wieder unerbittlich und hart" sein kann.

**4. Überlege dir unterschiedliche Beispiele und trage sie mit Stichpunkten in die Tabelle ein.**

| „zärtlich und weich" | „unerbittlich und hart" |
|---|---|
| | |
| | |
| | |
| | |

# Ewiges Eis

**Markiere auf dieser Weltkarte die Gebiete farbig, in denen immer Eis und Schnee liegt.**

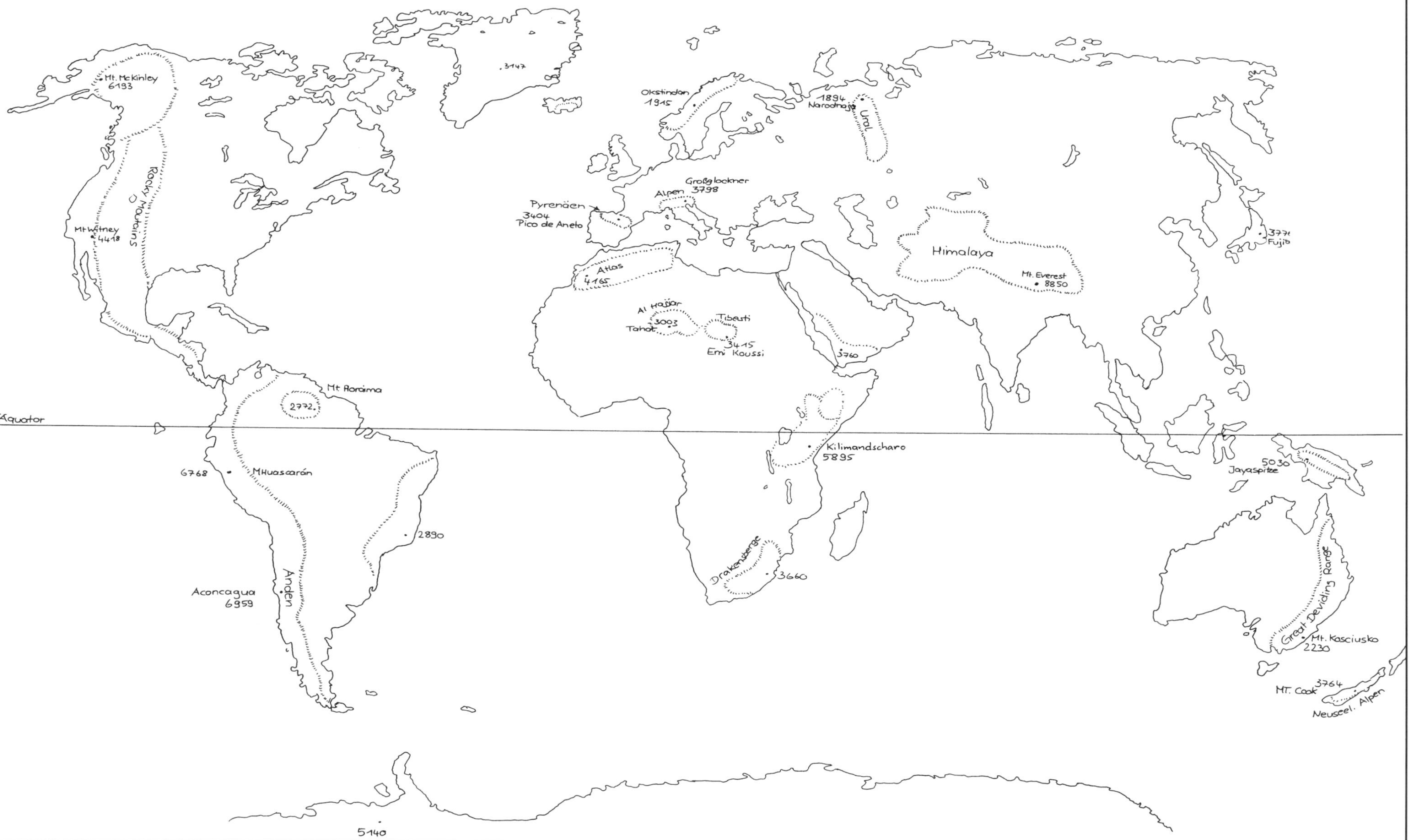


 

# Ein Lied, hinterm Ofen zu singen

Der Winter ist ein rechter Mann,
kernfest und auf die Dauer;
sein Fleisch fühlt sich wie Eisen an
und scheut nicht süß noch sauer.

War je ein Mann gesund, ist er's;
er krankt und kränkelt nimmer,
weiß nichts von Nachtschweiß und Vapeurs
und schläft im kalten Zimmer.

Er zieht sein Hemd im Freien an
und lässt's vorher nicht wärmen,
und spottet über Fluss im Zahn
und Kolik in Gedärmen.

Aus Blumen und aus Vogelsang
weiß er sich nichts zu machen,
hasst warmen Drang und warmen Klang
und alle warmen Sachen.

Doch wenn die Füchse bellen sehr,
wenn's Holz im Ofen knittert
und an den Ofen Knecht und Herr
die Hände reibt und zittert,

wenn Stein und Bein vor Frost zerbricht,
und Teich' und Seen krachen,
das klingt ihm gut, das hasst er nicht,
denn will er tot sich lachen. –

Sein Schloss von Eis liegt ganz hinaus
beim Nordpol an dem Strande;
doch hat er auch ein Sommerhaus
im lieben Schweizerlande.

Da ist er denn bald dort, bald hier,
gut Regiment zu führen.
Und wenn er durchzieht, stehen wir
und sehn ihn an und frieren.

*Matthias Claudius (1740–1815)*

Name:

# Ein Lied, hinterm Ofen zu singen

**1. Welche Nomen werden in dem Gedicht mit dem Winter verbunden? Male die entsprechenden Eiszapfen aus.**

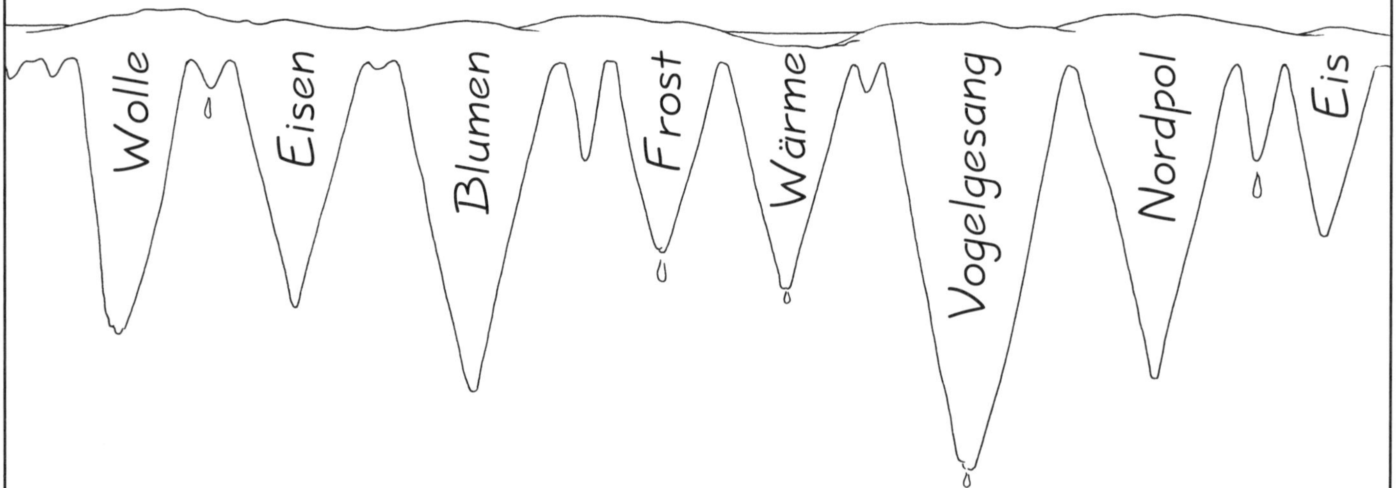


**2. Wie würdest du den Winter in einem Gedicht beschreiben? Suche passende Adjektive und schreibe sie auf.**

**3. Male ein Bild vom Winter. Wie stellst du ihn dir vor?**

 

Name:

# Kiek an, wat is de Himmel so rot!

Kiek an, wat is de Himmel so rot!
Dat is dat Christkind,
de backt dat Brot.
De backt den Wiehnachtsmann sin Stuten
for all de lütten Leckersnuten.

*Plattdeutsches Weihnachtsgedicht*

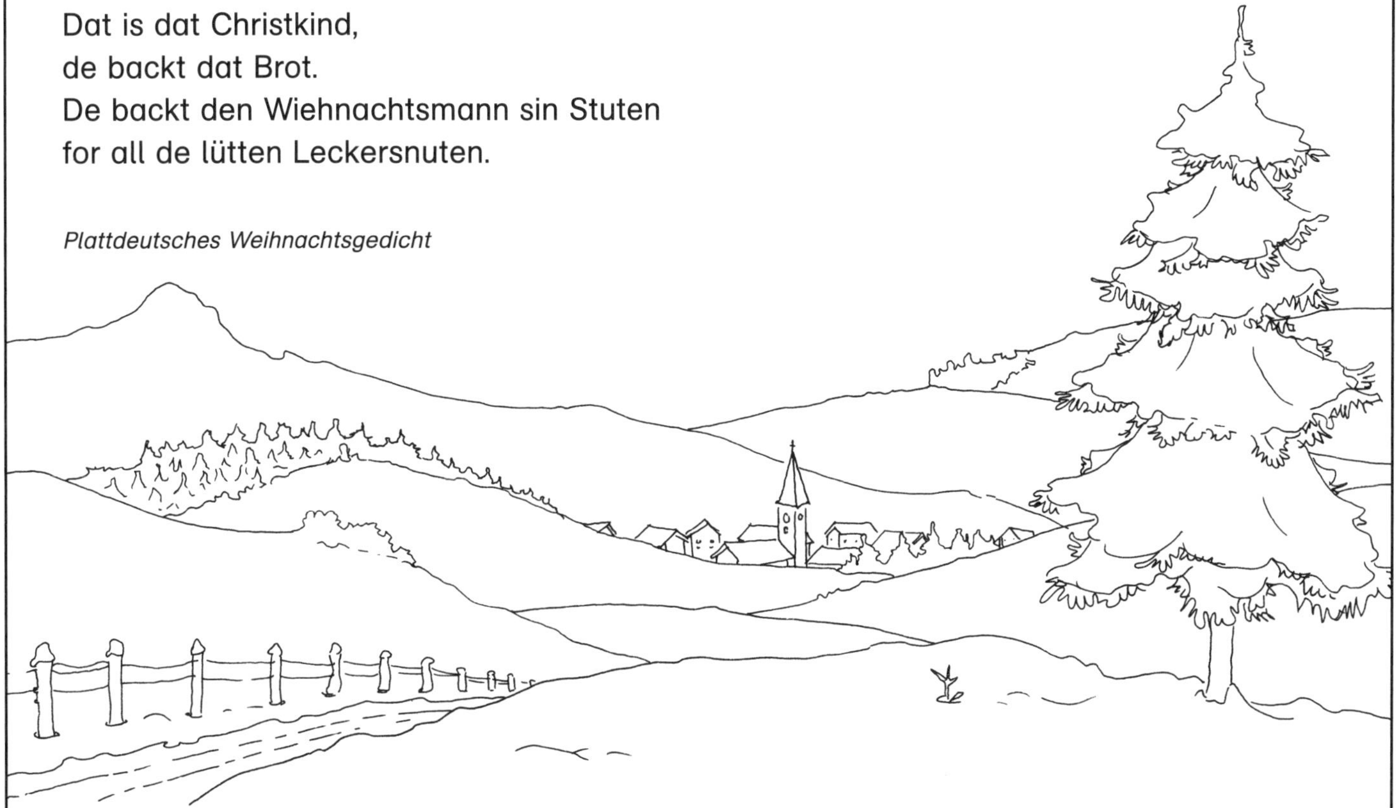

**1. Lies das Gedicht so genau, dass du es gut vorlesen kannst.**

**2. Hier ist Platz für deine Übersetzung ins Hochdeutsche. Schreibe sie auf.**

**3. Male den Himmel farbig aus. Verwende dafür verschiedene Rottöne.**

Name:

Alle Jahre, stets aufs neu
Bringt uns jemand allerlei.
Chorgesang der Kinder klingt
Dem, der uns Geschenke bringt.
Es ist jemand, der bei Nacht
Furchtlos Türen offen macht.
Ganz, ganz heimlich legt er in
Häusern seine Gaben hin.
In die Socken, in die Schuh,
Jedem teilt er etwas zu.
Keiner hört ihn, wenn er sehr
Leise naht, so still ist er.
Mögt ihr wissen, wer das ist?
Nikolaus, der Knecht vom Christ.
Ordentlich in jedem Haus
Packt er die Geschenke aus.
Quengelkindern bringt der Mann
Ruten aus dem finstren Tann.
Selten nur und unverhofft
Tut er das, und gar nicht oft.
Und so wird der Mann zuletzt
Von den meisten hoch geschätzt.
Wünscht drum ruhig, dass er naht!
X – und merkt euch diesen Rat:
Ypsilon – er ist sehr nett.
Zett!

*James Krüss (1926–1997)*


**1. Lies das Gedicht genau. Was fällt dir auf? Schreibe einen ganzen Satz.**

**2. Denke dir eine Überschrift für das Gedicht aus und schreibe sie darüber.**

Name:

# Mein Advents- und Weihnachts-Abc

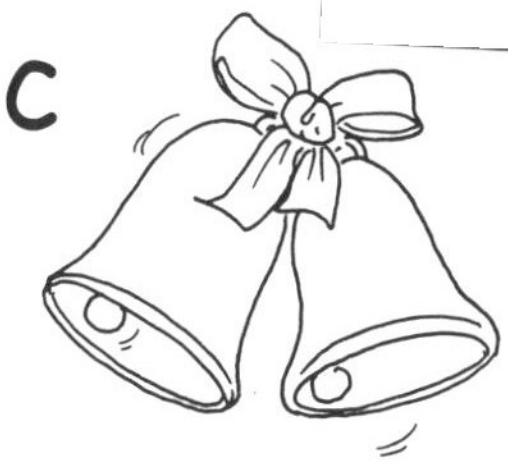

**Denke dir ein eigenes Abc aus. Die Wörter sollen alle etwas mit der Adventszeit oder mit Weihnachten zu tun haben.**

A ____________________

a ____________________

B ____________________

b ____________________

C ____________________

c ____________________

D ____________________

d ____________________

E ____________________

e ____________________

F ____________________

f ____________________

G ____________________

g ____________________

H ____________________

h ____________________

I ____________________

i ____________________

J ____________________

j ____________________

K ____________________

k ____________________

L ____________________

l ____________________

M ____________________

m ____________________

N ____________________

n ____________________

O ____________________

o ____________________

P ____________________

p ____________________

Q ____________________

q ____________________

R ____________________

r ____________________

S ____________________

s ____________________

T ____________________

t ____________________

U ____________________

u ____________________

V ____________________

v ____________________

W ____________________

w ____________________

Z ____________________

z ____________________

# …in Weihnachtstraum

Du liegst im Bett. Bald ist Weihnachten. Du überlegst, was bis dahin noch alles passieren wird. Nächste Woche ist eine Weihnachtsfeier, zu der du eingeladen bist. Zu Hause wollt ihr noch Plätzchen backen und basteln. So schläfst du ein und träumst von dem schönsten Weihnachtsfest, das du dir vorstellen kannst.

**Beschreibe deinen Traum.**

# Der Traum

Ich lag und schlief; da träumte mir
ein wunderschöner Traum:
Es stand auf unserm Tisch vor mir
ein hoher Weihnachtsbaum.

Und bunte Lichter ohne Zahl,
die brannten ringsumher,
die Zweige waren allzumal
von goldnen Äpfeln schwer.

Und Zuckerpuppen hingen dran:
Das war mal eine Pracht!
Da gab's, was ich nur wünschen kann
und was mir Freude macht.

Und als ich nach dem Baume sah
und ganz verwundert stand,
nach einem Apfel griff ich da,
und alles, alles schwand.

Da wacht ich auf aus meinem Traum,
und dunkel war's um mich.
Du lieber, schöner Weihnachtsbaum,
sag an, wo find ich dich?

Da war es just, als rief er mir:
„Du darfst nur artig sein,
dann steh' ich wiederum vor dir –
jetzt aber schlaf nur ein!

Und wenn du folgst und artig bist,
dann ist erfüllt dein Traum,
dann bringet dir der Heil'ge Christ
den schönsten Weihnachtsbaum."

*Hoffmann von Fallersleben (1798–1874)*

Lernen A
schen
Ge
ke
Lernen A

Lernen B
le
hem
Beth
Lernen B

Lernen C
Weih
nach
ten
Lernen C

Lernen D
vents
Ad
kranz
Lernen D

## Vorbemerkung

Über spielerische Wortschatz- und Blickspannübungen sowie das Beschriften von Weihnachtskarten werden wichtige Aspekte des Deutschunterrichts eingebunden, ohne dass Leistungsdruck entsteht. Weihnachtssymbole wie Kerze und Christbaum bieten sich außerdem für symmetrische Übungen im Mathematikunterricht an.

## Zu den Kopiervorlagen

**Lehrplanbezug Deutsch**
- Zusammengesetzte Nomen
- Wortschatzübungen

KV Seite 69

**Zusammengesetzte Schneewörter**

Zur Wortschatzerweiterung sollte die zweite Aufgabe nicht nur gelöst, sondern auch die Bedeutungen erklärt werden. Hierfür können die Wortbedeutungen zu Hause nachgeschaut oder ein Computer, Lexika o.Ä. zur Recherche im Klassenzimmer zur Verfügung gestellt werden. Die Sicherung kann z.B. in Form von Rätseln erfolgen: In den Bergen liegt Schnee bis hinunter auf 1000 m. Dort liegt die …
Aufgabe 3 eignet sich zum Differenzieren.

**Lösung**

*Aufgabe 1:*
Schneemänner, Schneeglöckchen, Schneeketten, Schneekanone (wird auf Skipisten zur Verteilung von künstlichem Schnee eingesetzt), Schneeschuhe

*Aufgabe 2:*
Schneetreiben, Schneewehe, Schneegrenze, Schneematsch, Schneekristall, Schneeblindheit

*Aufgabe 3:*
Mögliche Begriffe: Schneesturm, Schneeflocken, Schneelawine, Schneeballschlacht, Schneekunstwerke, Schneemensch (Yeti), Schneewittchen, Schneedichte, Pappschnee, Pulverschnee, Schneehuhn, Schneehase, Schneegans, schneeweiß

**Lehrplanbezug Deutsch**
- Blickspannübungen

KV Seite 70

**Genau hingeschaut!**

Blickspannübungen und Wortwahrnehmungsübungen schärfen die Augen und das optische Auffassungsvermögen. Bei der ersten Übung sollen die Kinder den Spuren mit den Augen folgen, nicht mit dem Finger oder einem Stift. Daher eignet sie sich gut, um erst einmal auf Folie mit der ganzen Klasse leise gemacht zu werden. Neben der Leseförderung (einer Spur folgen) dient diese Übung der Konzentration. Später können die Kinder die Aufgabe auf dem Arbeitsblatt lösen und die Linien mit einem Stift nachspuren.

**Lösung**

*Aufgabe 1:*
Maria – Stall 3, Josef – Stall 2, Esel – Stall 1; Caspar – Stern 3, Melchior – Stern 1, Balthasar – Stern 2

*Aufgabe 2:*

| | | | | | | | | | |
|---|---|---|---|---|---|---|---|---|---|
| U | T | S | T | E | R | N | M | I | L |
| X | E | T | I | N | Z | P | O | L | U |
| N | M | A | R | I | A | K | L | F | E |
| L | Ü | L | S | H | I | R | T | E | N |
| U | C | L | Y | N | O | I | K | S | G |
| H | J | O | S | E | F | P | R | E | E |
| V | O | L | F | E | D | P | S | L | L |
| Ä | K | Ö | N | I | G | E | J | U | R |
| B | E | T | H | L | E | H | E | M | G |

**Lehrplanbezug Deutsch**
- Zusammengesetzte Nomen, Sinnveränderungen durch Zusammensetzung

KV Seite 71

**Weihnachtswörter**

Die Kinder sollen darauf aufmerksam gemacht werden, dass viele gebräuchliche Wörter wie Mann, Engel, Baum, Gebäck, Geschenk oder Grüße in einem völlig anderen Zusammenhang stehen, wenn sie mit „Weihnachten" zusammen verwendet werden. Dadurch wandelt sich das ganze Umfeld, wird der Sinn auf eine bestimmte Zeit und bestimmte Vorstellungen gelenkt.

**Lösungsmöglichkeiten**

*Aufgabe 2:*

Weihnachtstag, -abend, -fest, -feiertage, -geld, -gans, -geschichte, -einkäufe, -bäckerei, -gruß, -karte, -lied, -spiel, -teller, -tisch, -zeit

**Zur Geschichte der Weihnachtskarte**

Die erste Weihnachtskarte hat sich – je nach Quelle – ein schottischer Buchhändler 1841 ins Fenster gestellt oder der Engländer Sir Henry Cole 1843 von dem Maler John Calcott Horsley entwerfen und in einer Auflage von 1000 Stück drucken lassen. Ungefähr zehn Jahre später wurde die Idee von Louis Pang, einem Amerikaner, aufgegriffen. Als die Weihnachtskarte sich ab etwa 1895 auch in Deutschland nach und nach durchsetzte, war sie in England und den USA längst etabliert. Dort verzieren die Karten in der Vorweihnachtszeit auch heute noch in großer Zahl die Kaminsimse oder stecken in eigens dafür hergestellten Haltern.

Neben christlichen Motiven waren von Anfang an oft auch gesellschaftliche Szenen, also z. B. Bescherungen im Kreis der Familie, abgebildet. Kombinierte Weihnachts- und Neujahrswünsche kamen seit Mitte des vorigen Jahrhunderts verstärkt auf.

**Lehrplanbezug Sachunterricht**

- Bräuche in anderen Ländern

**Lehrplanbezug Deutsch**

- Für sich und andere schreiben

KV Seite 72

### Eine Weihnachtskarte schreiben

In der 3. oder 4. Klasse lernen die Schüler, wie man Karten beschriftet. Das Schreiben einer Weihnachtskarte ist somit eine Möglichkeit zur Einführung oder Vertiefung des Unterrichtsstoffs, wobei gleichzeitig ein Brauch aus anderen Ländern in den Unterricht einbezogen wird (Weihnachten in Europa, Seite 22–31).

Es empfiehlt sich, das Arbeitsblatt auf festeres Papier zu kopieren. Das Beschriften des Adressfelds muss eventuell besprochen und an der Tafel demonstriert werden. Differenzieren lässt sich, indem leistungsstärkere Schüler ihre Karte selbst beschreiben und mit den anderen Schülern ein gemeinsamer Gruß an der Tafel erarbeitet und dann auf die Karten übertragen wird, z. B.: Liebe Oma, ich wünsche dir frohe Weihnachten und Gesundheit im neuen Jahr. Dein …

Wenn die Kinder Briefmarken mitbringen, können die Karten auch frankiert und zusammen zum Briefkasten gebracht werden.

**Lehrplanbezug Mathematik**

- Achsensymmetrie
- Freihändig zeichnen

KV Seite 73

### Spiegelbilder

Spiegelübungen erweitern die räumliche Vorstellung, trainieren die Feinmotorik und das genaue Hinsehen. Freihändig gezeichnet schulen sie das Formgefühl.

Eine schöne Vorübung für die Schüler ist das Freihandzeichnen auf großen Flächen, z. B. auf der Tafel oder auf Malpapier. Hier kommt es auf den Schwung und den Gesamteindruck an, nicht auf jeden einzelnen Millimeter.

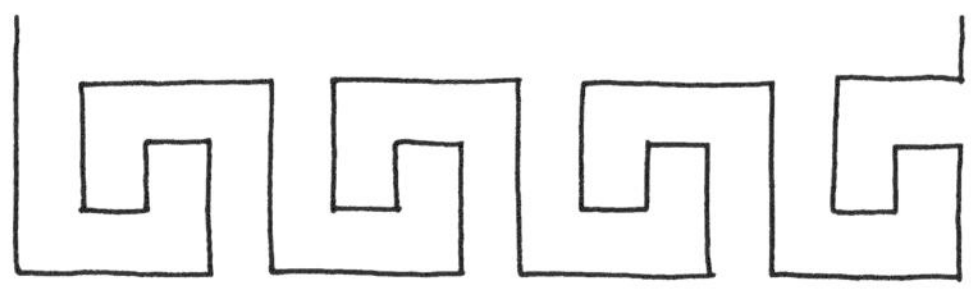

**Lehrplanbezug Mathematik**

- Geometrische Figuren
- Achsensymmetrie

KV Seite 74

### Symmetrische Weihnachtsfiguren

Bei den Weihnachtsfiguren sollte exakt gezeichnet und gemessen werden.

Die Zusatzaufgabe mit der Spiegelschrift macht den meisten Kindern viel Spaß. Auch hier sind Konzentration und exaktes Schreiben gefragt. Gute „Spiegelschreiber“ können auch auf Transparentpapier schreiben – z. B. Weihnachtsgrüße und Wünsche, die dann ans Fenster gehängt werden.

Name:

# Zusammengesetzte Schneewörter

**1. Diese Wörter setzen sich aus „Schnee“ und noch einem weiteren Nomen zusammen. Schreibe sie auf.**

Schnee________________

______________________________

______________________________

______________________________

______________________________

**2. Welches Wort kann man mit „Schnee“ verbinden?**
**Suche aus jeder Gruppe das richtige heraus und schreibe das neue Wort auf.**
Achtung: Was passiert dabei mit dem zweiten Wort, wenn es ein Nomen ist?

| | | | | | |
|---|---|---|---|---|---|
| Schnee + | treiben<br>jagen<br>pusten | Schnee + | Welle<br>Pfütze<br>Wehe | Schnee + | Linie<br>Grenze<br>Strich |
| ______________ | | ______________ | | ______________ | |
| Schnee + | Matsch<br>Soße<br>Suppe | Schnee + | Stein<br>Geröll<br>Kristall | Schnee + | Taubheit<br>Stummheit<br>Blindheit |
| ______________ | | ______________ | | ______________ | |

**3. Findest du noch mehr zusammengesetzte Wörter mit Schnee? Schreibe sie auf.**

Name:

# Genau hingeschaut!

**1. Maria, Josef und der Esel suchen einen Stall. Wer geht in welchen Stall? Jeder König folgt einem Stern. Welcher König gehört zu welchem Stern?**

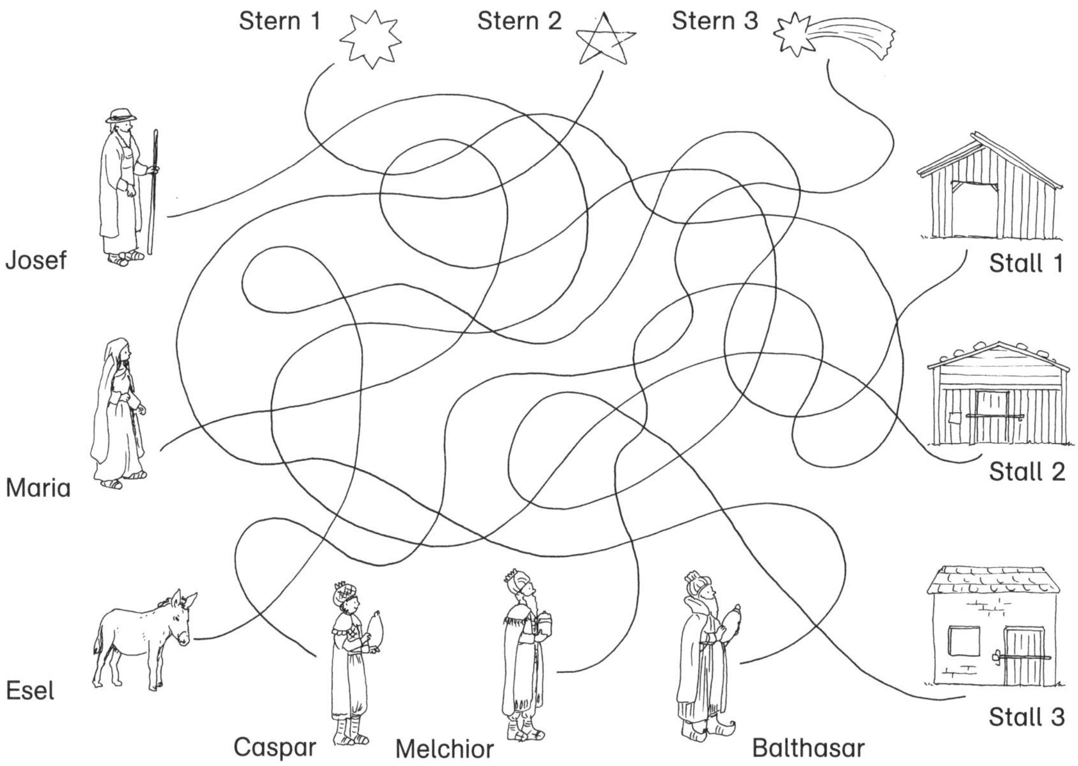


Maria geht in den Stall ____ ,

Josef geht in den Stall ____ ,

der Esel geht in den Stall ____ .

Caspar folgt dem Stern ____ ,

Melchior folgt dem Stern ____ ,

Balthasar folgt dem Stern ____ .

**2. In dem Rätselgitter sind senkrecht und waagerecht zehn Wörter zu Weihnachten versteckt. Kreise sie ein.**

| | | | | | | | | | |
|---|---|---|---|---|---|---|---|---|---|
| U | T | S | T | E | R | N | M | I | L |
| X | E | T | I | N | Z | P | O | L | U |
| N | M | A | R | I | A | K | L | F | E |
| L | Ü | L | S | H | I | R | T | E | N |
| U | C | L | Y | N | O | I | K | S | G |
| H | J | O | S | E | F | P | R | E | E |
| V | O | L | F | E | D | P | S | L | L |
| Ä | K | Ö | N | I | G | E | J | U | R |
| B | E | T | H | L | E | H | E | M | G |

Name:

# Weihnachtswörter

Es gibt viele zusammengesetzte Wörter, die mit „Weihnachts-“ anfangen. Das Bild hilft dir, einige zu finden.

**1. Schreibe die Wörter auf.**

*Weihnachtsstern,* ____________________

____________________

____________________

**2. Fallen dir noch andere Weihnachtswörter ein? Schreibe auch sie auf. Du kannst auch eigene Weihnachtswörter erfinden.**

____________________

____________________

____________________

**3. Schreibe eine kleine Geschichte, in der du so viele Weihnachtswörter wie möglich verwendest.**

____________________

____________________

____________________

____________________

____________________

Name:

# Eine Weihnachtskarte schreiben

Weihnachtskarten gibt es seit ungefähr 150 Jahren. Sie wurden von einem Engländer erfunden. Heute werden jedes Jahr Tausende von ihnen gedruckt, beschrieben und verschickt. Vor allem in England ist dieser Brauch weit verbreitet. Die Menschen dort sammeln alle Karten und hängen sie an einem gut sichtbaren Platz auf.

**Bastle eine Weihnachtskarte und beschrifte sie.**

**So geht's:**

1. Schneide die Postkarte aus und male die Tannenbaumhälfte an. Knicke die Karte dann an der gestrichelten Linie.

2. Entscheide dich, ob du den Tannenbaum lieber nach vorne oder nach hinten umklappen möchtest, und klebe ihn fest.

3. Male die Karte nun noch weiter an: Mit Kerzen sieht der Tannenbaum sicher noch schöner aus ...

4. Beschrifte die Karte. Adresse und Briefmarke nicht vergessen – dann kannst du sie verschicken!

Name:

# Spiegelbilder

**Zeichne die Spiegelbilder von den Formen so genau wie möglich.**
**Nimm dafür einen Bleistift.**

a)

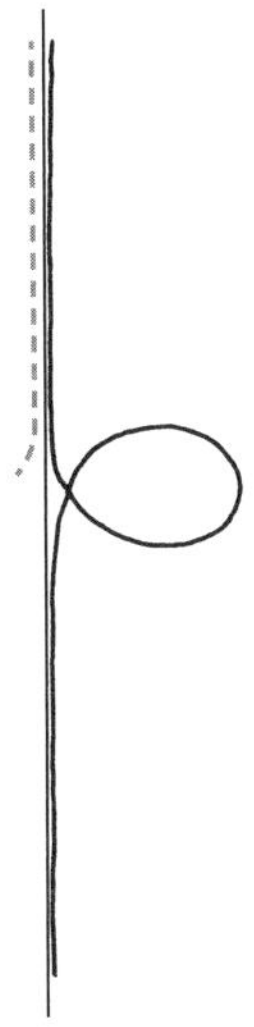

b)

c)

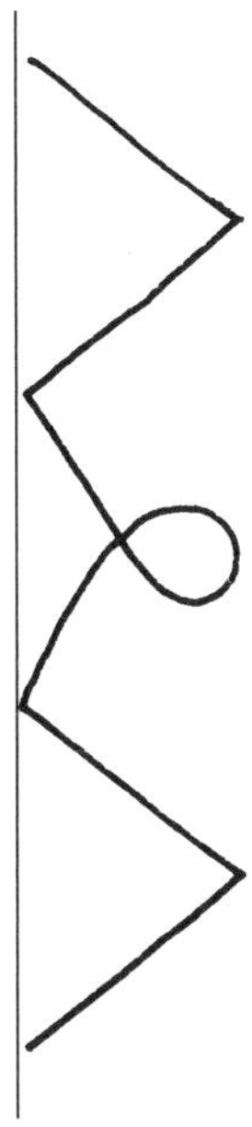

d)

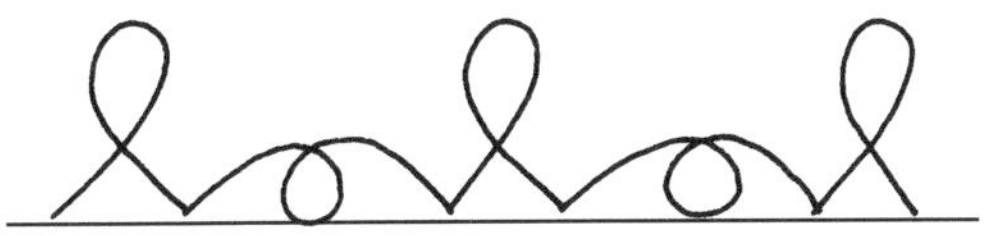

**Für Experten:**

e)

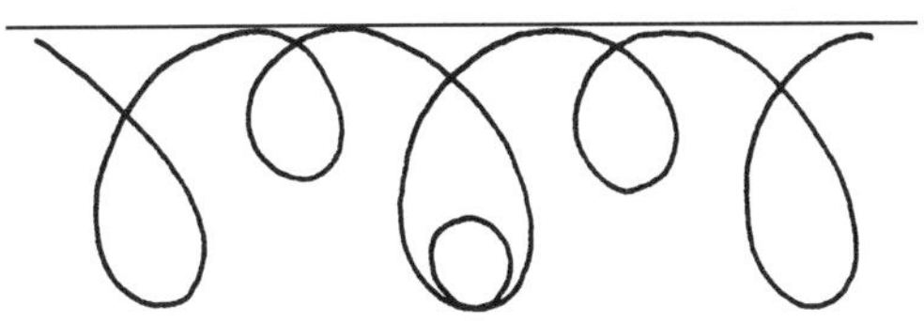

f)

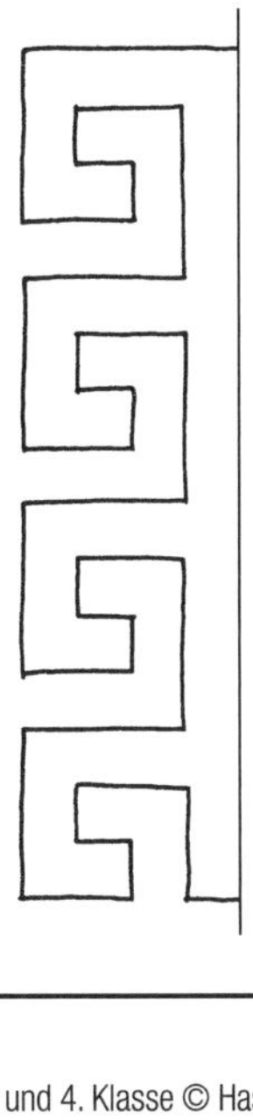

Name:

# Symmetrische Weihnachtsfiguren

**1. Zeichne genaue Spiegelbilder. Verwende einen angespitzten Bleistift und eventuell ein Lineal.**

a)

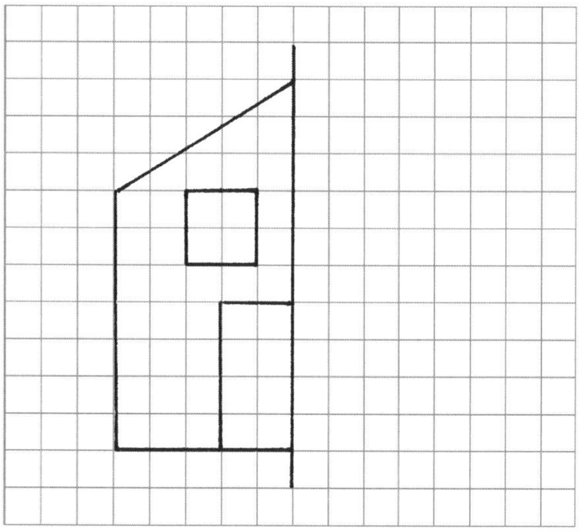

b)

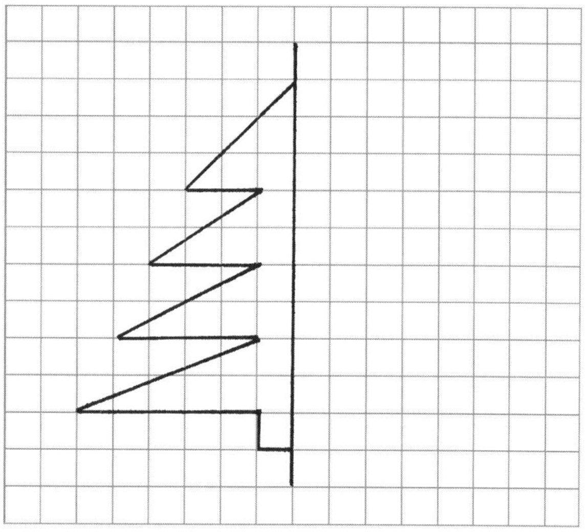

c)

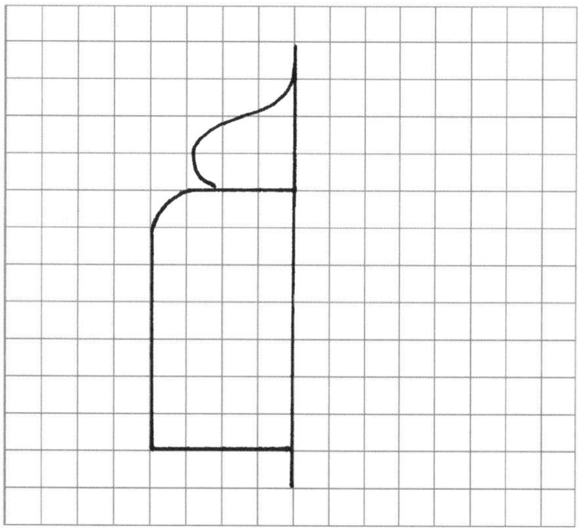

d)

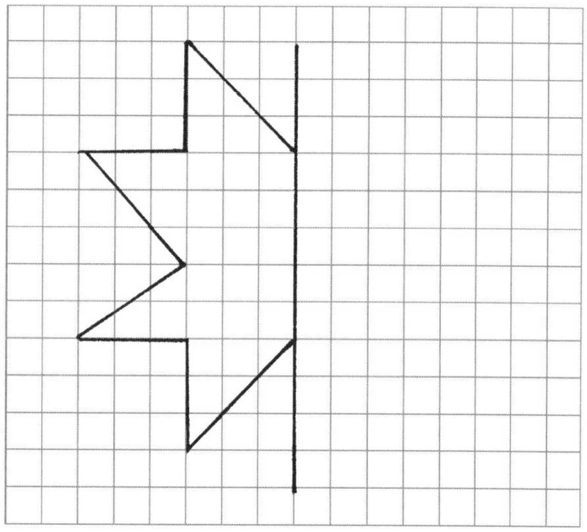

**2. Kannst du auch in Spiegelschrift schreiben? Versuche die folgenden Wörter in Spiegeldruckschrift zu schreiben. Kontrolliere mit einem Spiegel.**

Stall ____________ Krippe ____________

Stern ____________ Maria ____________

Baum ____________ Weihnachten ____________

# 4. Kapitel: Basteln, backen, musizieren …

## Basteln

Basteln A

Basteln A

Basteln B

Basteln B

Basteln C

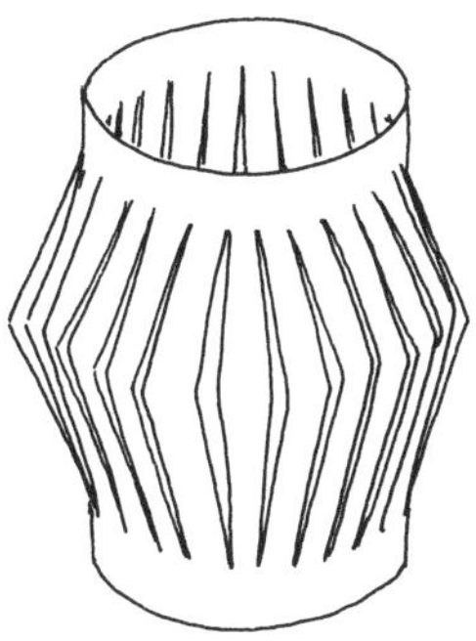

Basteln C

Basteln D

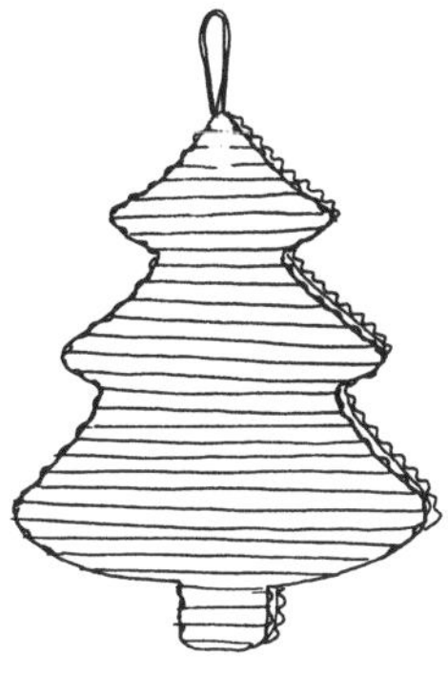

Basteln D

## Vorbemerkung

Weihnachtszeit ist Bastelzeit: Christbaum und Fenster werden mit Selbstgebasteltem geschmückt, eine Krippe kann gebastelt, Kerzen können gezogen und sogar das Geschenkpapier kann selbst gemacht werden …

## Lehrplanbezug

**Kunst, Werken**

- Gestalten mit Papier
- Gestalten mit verschiedenen Materialien

KV Seite 78

**Festlich geschmückte Fenster**

Hier müssen die Kinder sehr genau arbeiten. Die Fenster können in Form eines Musterbands quer über das Fenster oder in Form einer „Ersatzgardine“ geschmückt werden, die eine ganze Fensterfläche ausfüllt.

KV Seite 79

**Faltsterne fürs Fenster**

Besonders fingerfertige Kinder können die Sterne mit durchscheinendem Seiden- oder Transparentpapier basteln, was sehr reizvoll aussieht, da die Faltung ein kompliziertes geometrisches Muster bildet.

Auch Sternefalten erfordert genaues Arbeiten. Es lohnt sich, das Papier mit einer Schneidemaschine zurechtzuschneiden oder fertig geschnitten zu kaufen. Es muss exakt rechteckig sein. Auch andere Größen als DIN A6 sind möglich.

Differenzieren kann man auch in der Anzahl der Sternspitzen. Geschickte Bastler können 16 Spitzen falten, wobei alle vier Ecken des Papiers zweimal gefaltet werden, also zwei schmale Spitzen entstehen. Geklebt wird wie bei dem einfacheren Stern.

Weihnachtssterne symbolisieren, dass Jesus der Herrscher über Himmel und Erde ist.

KV Seite 80–82

**Krippentransparent**

Die hier vorgeschlagene Technik ist einfach umzusetzen und dennoch wirkungsvoll. Statt Transparentpapier kann auch Seidenpapier verwendet werden.

Der ausgeschnittene Rahmen und die Figuren werden auf dunkles Tonpapier gelegt, mit Bleistift umrandet und dann ausgeschnitten. Natürlich können sich die Kinder von den Schablonen auch dazu inspirieren lassen, einen eigenen Rahmen und eigene Figuren zu entwerfen.

Eine kompliziertere Technik ist es, den Rahmen mit den Umrissen der Figuren aus dem Tonpapier zu schneiden und die so entstehenden leeren Flächen jeweils separat mit Transparentpapier zu hinterkleben. Wenn innerhalb der Figuren Tonpapierstege stehen bleiben, können die Figuren sogar mit unterschiedlichen Farben „angezogen“ werden. Bei dieser Technik empfiehlt es sich, zeitgleich ein großes Transparent zur Veranschaulichung anzufertigen.

KV Seite 83

**Buntes Geschenkpapier**

Wenn Kugeln aus verschiedenen Materialien und in unterschiedlichen Größen zur Verfügung stehen, können die Kinder selbst ausprobieren, welche Kugeln die besten „Rolleigenschaften“ haben. Auch mit verschiedenen Farben (z. B. Temperafarbe oder Fingerfarbe) kann experimentiert werden.

KV Seite 84

### Adventslaternen basteln

Die Adventslaterne ist eine einfache und schnelle Bastelarbeit, die hübsch aussieht und von allen Kindern ausgeführt werden kann. Der Materialaufwand ist gering. Es ist sinnvoll, den Kindern fertig zugeschnittene Goldfolie zu geben.

Als Differenzierung kann die Laterne von innen mit buntem Seiden- oder Transparentpapier beklebt werden, wobei darauf zu achten ist, dass der Abstand zum Teelicht groß genug ist und das Papier nicht anbrennen kann.

KV Seite 85

### Kerzen ziehen

Kerzenlicht als Symbol für Jesus als das „Licht der Welt“ kommt gerade in der Advents- und Weihnachtszeit eine besondere Bedeutung zu (siehe auch Seite 7). Etwas ganz Besonderes und zudem ein schönes Geschenk sind selbst gefertigte Kerzen.

Bienenwachs verbreitet einen angenehmen Duft, der für die Adventszeit charakteristisch ist. Wegen der Verbrennungsgefahr ist aber besondere Vorsicht geboten. Das Wachs kann auch aus Kerzenresten stammen, aus denen die Dochte rausgeschnitten wurden. Da das Wachs rechtzeitig vorher zum Schmelzen gebracht werden muss, eignet sich Kerzenziehen nicht für die erste Stunde. Es empfiehlt sich, mindestens eine zweite Büchse Wachs zu schmelzen, um die erste immer nachfüllen zu können. Um Wachsspritzer zu vermeiden, sollte eine dicke Zeitungsschicht untergelegt werden. Die Höhe der Büchse bestimmt die maximale Dochtlänge.

Zur Unterrichtsgestaltung ist es sinnvoll, einen Stuhlkreis um die Wachsbüchse zu bilden. Jedes Kind hält seinen Docht in der Hand und darf der Reihe nach eintauchen. Sobald es das nächste Mal an der Reihe ist, ist auch das Wachs an der Kerze genug ausgekühlt. Wenn die Kinder ruhig arbeiten, kann dabei eine Geschichte vorgelesen werden.

KV Seite 86

### Eine Korkenkrippe basteln

Je nach Geschmack und Können der Kinder werden diese Krippen sehr unterschiedlich. Schwächere Bastler können nur die drei Hauptfiguren anfertigen, geschicktere Kinder können den ganzen Schuhkarton mit Figuren füllen. Auch in der Art der Ausschmückung und Kleideranfertigung wird sich jede Krippe unterscheiden und bekommt so einen individuellen Ausdruck. Stimmungsvoll ist es, wenn die Krippen ein paar Tage auf dem Fensterbrett zu bewundern sind, ehe sie von den Kindern mitgenommen werden.

### Zu Geschichte und Symbolik der Krippendarstellung

Obwohl die Krippe nur im Lukasevangelium (2,7) kurz erwähnt wird, war sie – vor dem Siegeszug des Weihnachtsbaums in neuerer Zeit – das wichtigste Weihnachtssymbol. Als „Erfinder“ gilt Franz von Assisi, der 1223 bei seiner Krippenfeier im Wald bei Greccio auch schon Ochse und Esel in seine Darstellung einband. Von Italien aus verbreiteten sich Krippendarstellungen bald bis nach Spanien und in den deutschsprachigen Alpenraum. Einen Höhepunkt erlebten aufwändige Krippendarstellungen im Barock des 18. Jahrhunderts.

Im Mittelpunkt der Krippe steht das Kind, von dem das Licht ausgeht. Eine Krippe in der eigenen Wohnung aufzustellen bedeutet, sich mit dem Geschehen in der Heiligen Nacht zu identifizieren.

KV Seite 87

### Wachstropfenschmuck

Die Wachstropfenarbeit ist recht einfach, muss aber vorsichtig ausgeführt werden. Durch das ständige An und Aus der Kerzen wird die Luft im Klassenzimmer schnell verbraucht. Lüften ist wichtig.

Die Kinder können Kerzenreste von zu Hause mitbringen oder eine Sammlung von Restkerzen in der Schule organisieren.

KV Seite 88

### Zitrus-Schmuck

Man kann Orangen oder Zitronen auch einfach mit Nelken bestecken, allerdings entstehen dabei oft keine richtigen Muster. Anspruchsvoller ist es, wenn die Kinder Musterlinien zeichnen und sich an diese halten. Um die Früchte aufzuhängen, ist es empfehlenswert, das Geschenkband mit einer großen Nadel durch die Frucht zu ziehen. Dabei sollten Sie den Kindern helfen.

Die Orangen duften übrigens besser, wenn die Schale teilweise herausgeschnitten oder eingeritzt wird, bevor man sie mit Nelken besteckt.

KV Seite 89

### Christbaumschmuck aus Wellpappe

Die Oberflächenstruktur der Wellpappe verleiht diesem Schmuck einen besonderen Reiz. Statt der Förmchen können die Kinder auch eigene Schablonen aus Pappe zuschneiden und sich gegenseitig zur Verfügung stellen.

# Festlich geschmückte Fenster

**Du brauchst:**

- ein quadratisches Stück schwarzes Tonpapier (ca. 14 x 14 cm)
- Bleistift
- Schere
- buntes Transparentpapier, Kleber (falls gewünscht)

**So geht's:**

1. Falte das Papier einmal in der Mitte.

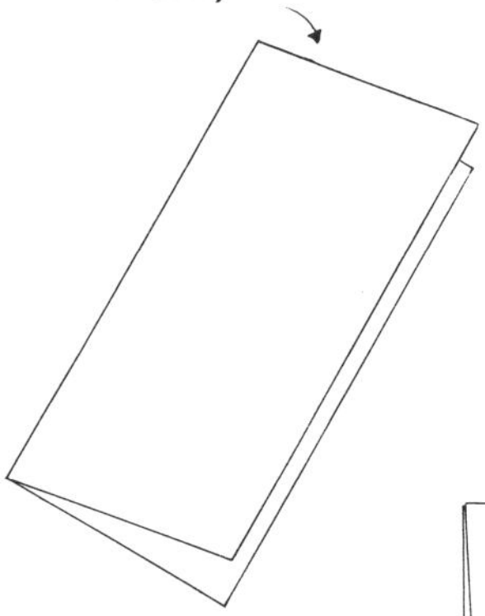

2. Falte das Papier noch einmal, sodass du wieder ein Quadrat erhältst.

3. Male ein Muster auf das Quadrat. Das Muster soll an den geschlossenen Kanten geöffnet sein.

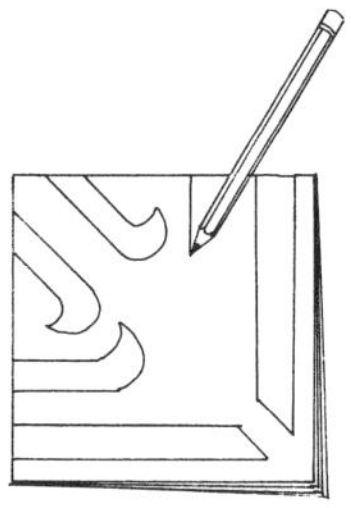

4. Schneide das Muster vorsichtig aus.

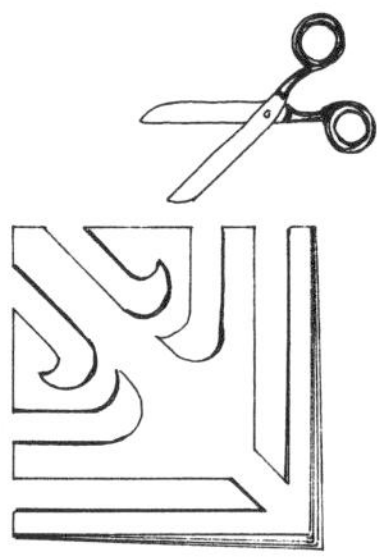

Mögliche andere Muster:

5. Falte das Papier auseinander.

Du kannst das schwarze Tonpapier nun noch von einer Seite mit buntem Transparentpapier bekleben. Arbeite so, dass keine Ränder überstehen.

Am Fenster oder vor einer Kerze sehen die eingeschnittenen Papiere besonders schön aus.

# Faltsterne fürs Fenster

**Du brauchst:**

- acht DIN-A6-Bögen Papier (besonders schön wird es mit Transparent- oder Seidenpapier)
- Klebestift (keinen Flüssigkleber)

**So geht's:**

1. Damit dein Stern am Ende richtig schön wird, musst du sehr genau arbeiten:
   Falte jedes Blatt einmal längs in der Mitte und falte es wieder auf.

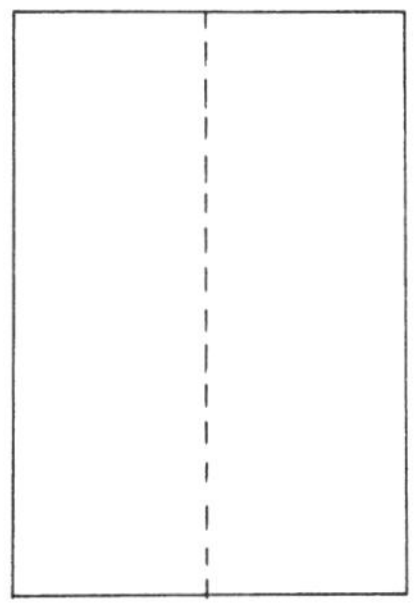

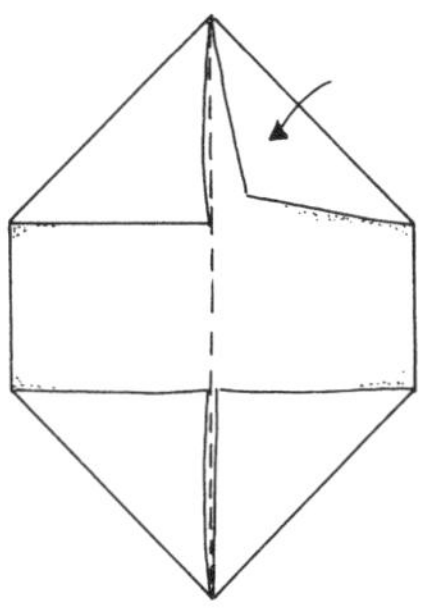

2. Alle vier Ecken werden nun genau bis zur Mittellinie gefaltet, sodass oben und unten eine Spitze entsteht. Die Papierkanten an der Mittellinie sollen genau nebeneinander liegen.

3. Von der oberen Spitze faltest du die entstandenen zwei Seiten noch einmal zur Mittellinie, sodass eine schmalere Spitze entsteht.

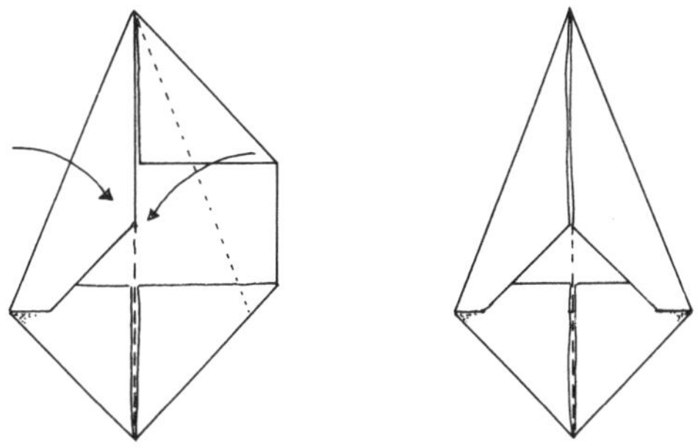

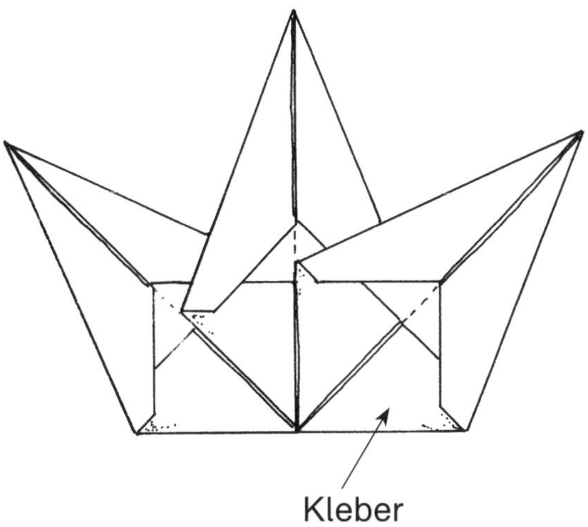


4. Wenn du alle acht Papiere so gefaltet hast, kannst du den Stern zusammenkleben.
   Die breiten Sternspitzen bilden dabei das Innere und werden aufeinandergeklebt.
   Der Kleber kommt immer auf die Sternseite mit den umgefalteten Spitzen, nie auf die glatte Seite. Am besten probierst du das erst einmal ohne Kleber aus.

# Krippentransparent

**Du brauchst:**
- spitze Schere
- Klebestift (keinen Flüssigkleber)
- Klebeunterlage
- Bleistift
- Transparentpapier (evtl. in verschiedenen Farben)
- Rahmenvorlage und Figurenvorlagen auf Tonpapier

**So geht's:**

1. Schneide den Rahmen und die Figuren aus.
   Vorsicht: Nicht in den Rahmen hineinschneiden!

2. Lege den Tonpapierrahmen auf Transparentpapier und zeichne ihn am äußeren Rand vorsichtig mit einem Bleistift nach. Schneide das Transparentpapier etwa 1 cm innerhalb der Bleistiftlinie aus.

3. Drehe den Tonpapierrahmen um und bestreiche ihn mit Klebstoff. Lege dann das ausgeschnittene Transparentpapier sorgfältig darauf und drücke es fest.

4. Drehe den Rahmen wieder um und lege die Tonpapierfiguren auf das Transparentpapier. Probiere aus, an welcher Stelle sie besonders schön aussehen. Klebe sie dann auf das Transparentpapier.

5. Hänge das fertige Transparent an ein Fenster oder stelle es vor eine Kerze.

**Varianten:**
- Du kannst aus den Tonpapierresten noch Sterne ausschneiden und sie mit auf das Transparentpapier kleben.

- Zusätzlich kannst du aus dem Transparentpapier kleinere Stücke ausschneiden oder vorsichtig ausreißen und an verschiedenen Stellen auf die Unterlage kleben. Durch mehrere Schichten Transparentpapier übereinander entstehen neue Farben, wenn das Licht durchscheint. So kannst du z. B. den Boden mit noch einer Lage Transparentpapier bekleben oder um den Kopf von Maria einen Heiligenschein machen.

 

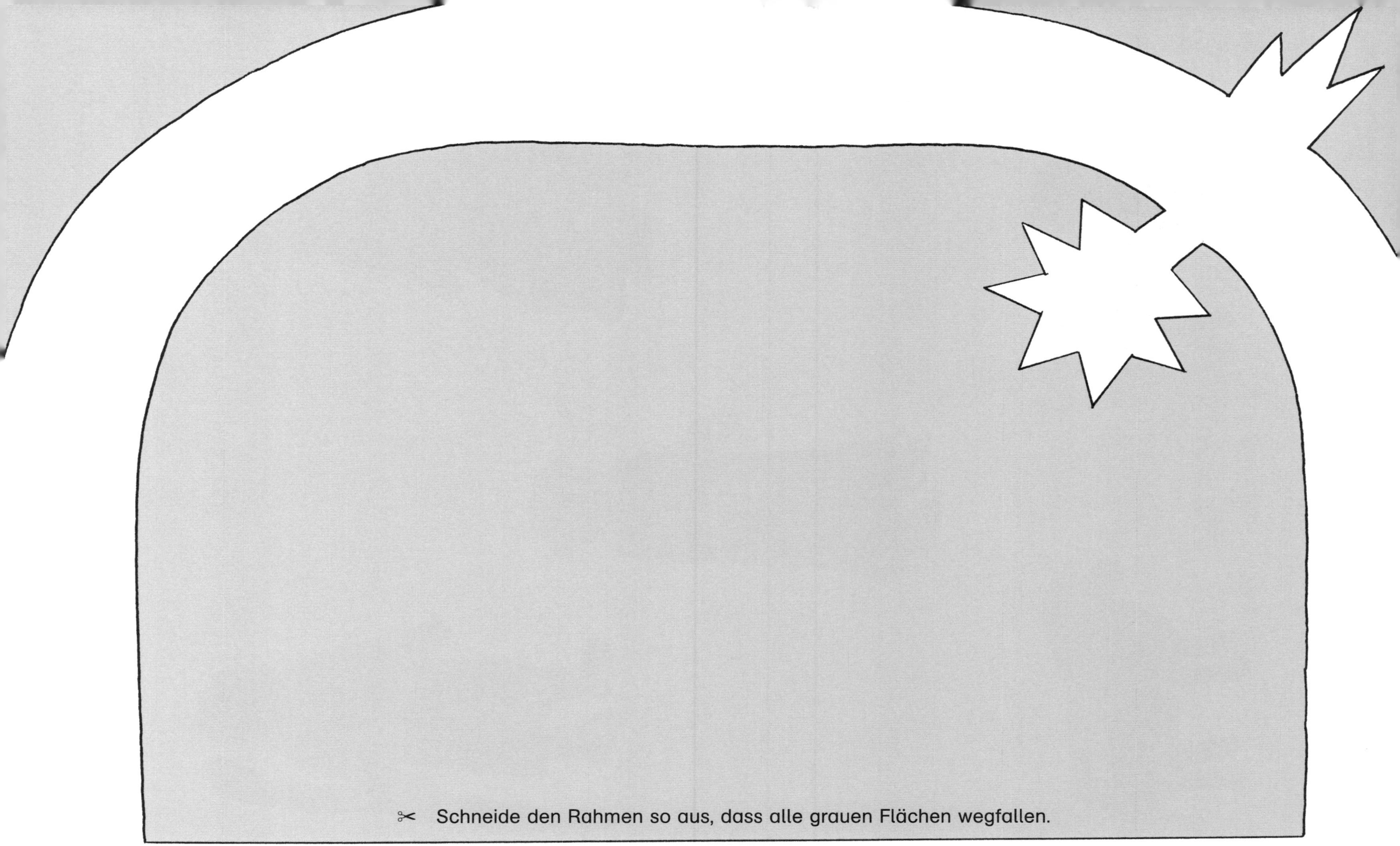

✂ Schneide den Rahmen so aus, dass alle grauen Flächen wegfallen.

# Krippentransparent

Figurenvorlagen

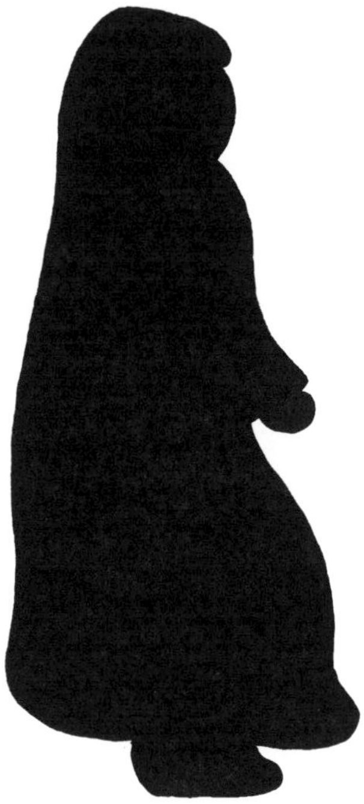

# Buntes Geschenkpapier

**Du brauchst:**

- einfarbiges helles Papier, z. B. Seidenpapier
- einen großen Pappkartondeckel oder ein Backblech
- Kugeln in verschiedenen Größen (z. B. aus Holz oder Kork)
- Wasserfarben
- Pinsel

**So geht's:**

1. Lege das Papier in den Pappkartondeckel oder auf das Backblech. Klebe es am Rand vorsichtig fest, damit es nicht verrutschen kann.

2. Bemale eine Kugel dick mit Farbe. Nimm viel Farbe und möglichst wenig Wasser, damit das Papier nicht so durchweicht. (Besonders bei Seidenpapier musst du darauf achten.)

3. Lege die Kugel auf das Papier und hebe den Deckel an einer Seite etwas an. Die Kugel kann nun hin und her rollen, bis sie keine Farbspur mehr hinterlässt.

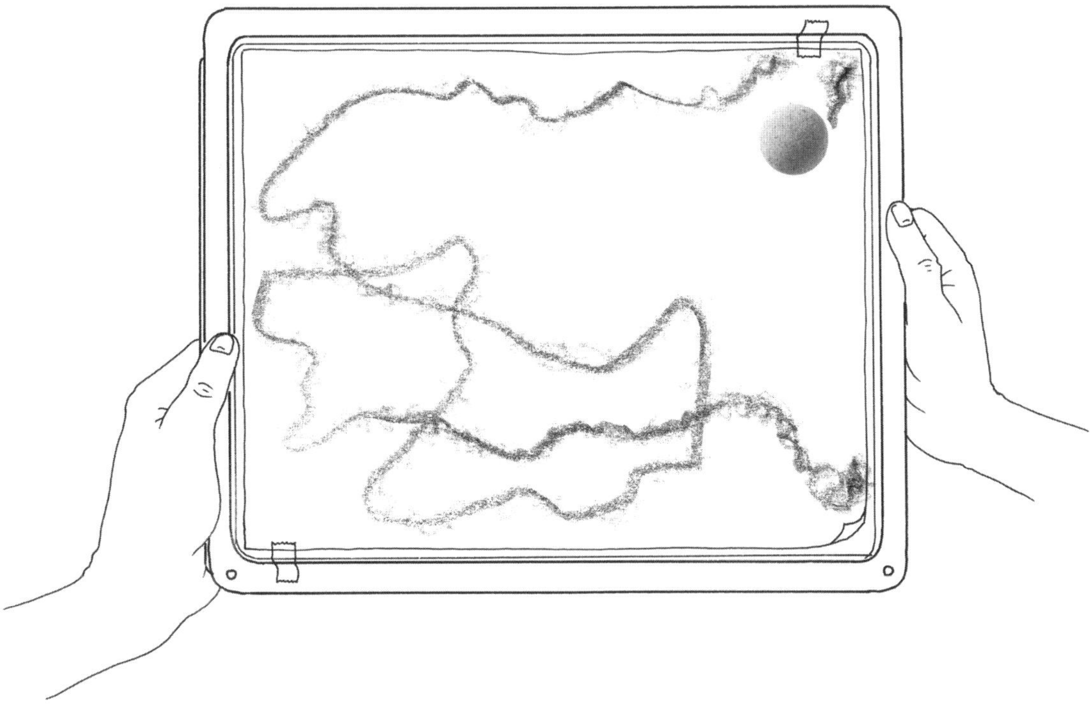

4. Male die Kugel – oder eine andere Kugel – mit einer anderen Farbe an und lasse sie wieder rollen.

5. Lasse die Kugeln so oft über das Papier rollen, bis es dir bunt genug ist.

6. Lege das Papier zum Trocknen hin.

# Adventslaternen basteln

**Du brauchst:**

- stabile Silber- oder Goldfolie (20 x 12 cm)
- Schere
- Kleber
- Teelicht

**So geht's:**

1. Falte die Folie einmal der Länge nach, sodass ein langes, schmales Stück entsteht.

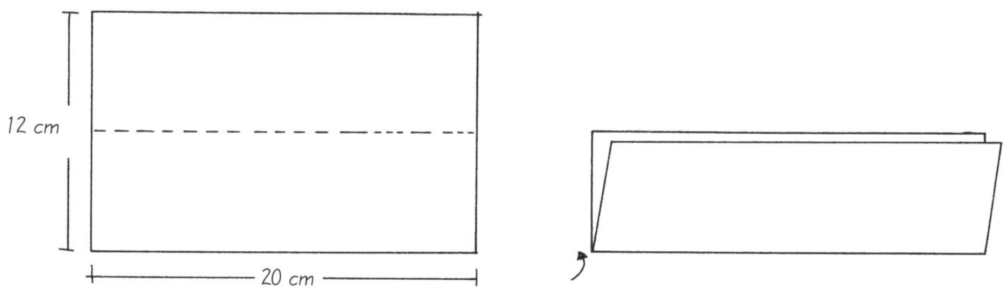


2. Schneide von der gefalteten Kante aus die Folie im Abstand von etwa 1 cm jeweils etwa 4,5 cm ein. Dabei muss ein Rand stehen bleiben! Bevor du schneidest, kannst du dir mit einem Lineal und einem Bleistift vorsichtig kleine Markierungen machen.

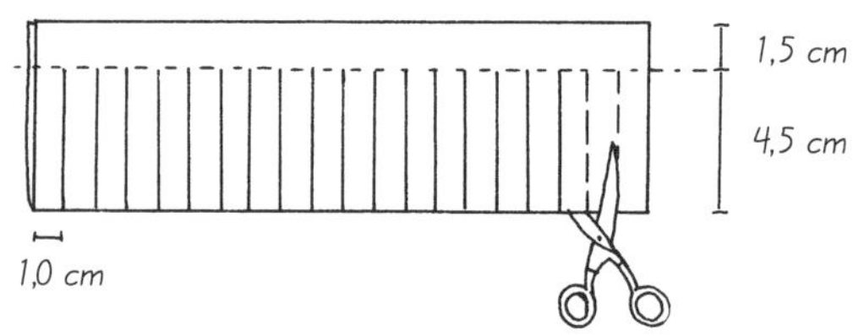


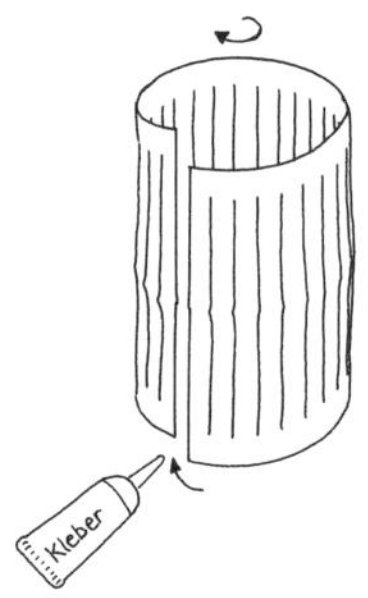


3. Falte die Folie auseinander und klebe die beiden schmalen Seiten vorsichtig aneinander.

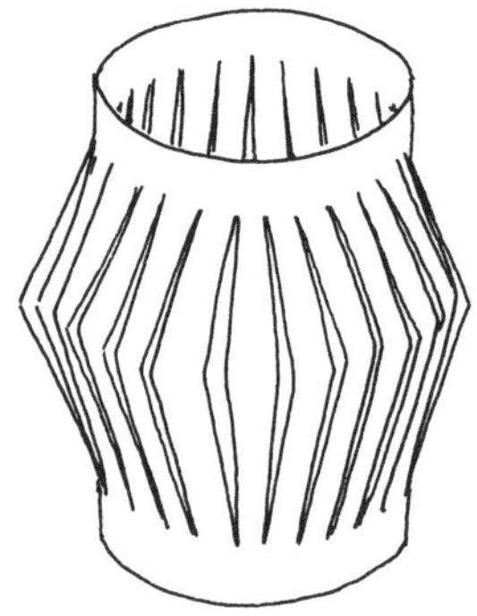

4. Drücke die Laterne vorsichtig von oben zusammen, sodass sich die Folienstreifen an der Knickstelle nach außen biegen. Eventuell musst du dabei etwas nachhelfen.

5. Nun ist die Laterne fertig. Du kannst jetzt ein Teelicht in ihr Inneres stellen.

 

# Kerzen ziehen

**Du brauchst:**

- Bienenwachs, Reste von Bienenwachskerzen oder Stearinreste
- Kerzendocht
- eine schmale, hohe Büchse (z. B. Kaffeedose)
- Kochtopf
- Kochplatte

Kerzenziehen ist eine Arbeit, die viel Geduld verlangt!

**So geht's:**

1. Das Wachs in der Büchse muss im Wasserbad zum Schmelzen gebracht werden. Es muss richtig flüssig und sehr heiß sein. (Das dauert recht lange.)

2. Tauche den Kerzendocht kurz ins heiße Wachs ein.

3. Ziehe den Docht nach dem ersten Eintauchen mit beiden Händen gut straff, damit die Kerze gerade wird.

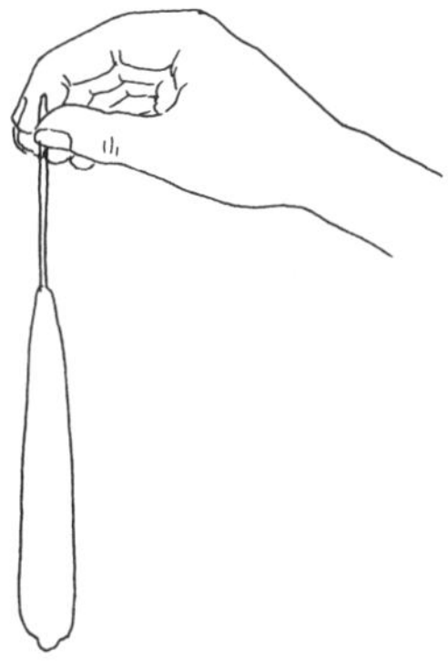

4. Lass das Wachs an dem Docht etwas auskühlen, bevor du ihn wieder eintauchst.

5. Nun kommt eine Wachslage über die nächste. Der Wachstropfen, der am unteren Ende der Kerze entsteht, muss von Zeit zu Zeit mit dem Messer gerade abgeschnitten werden.

6. Wenn die Kerze die gewünschte Dicke erreicht hat, muss sie gut abkühlen und hart werden. Das dauert einige Stunden. Lege die Kerze dafür ganz gerade hin oder hänge sie (z. B. mit einer Handtuchklemme) am Docht auf, damit sie eine gerade Form behält.

# Eine Korkenkrippe basteln

**Du brauchst:**
- mehrere Weinkorken
- Watte- oder Styroporkugeln
- Klebstoff
- Stecknadeln
- Zahnstocher
- Watte
- Streichholzschachtel
- Schuhkarton
- Schere
- Perlen
- eventuell: Stroh, Steine, Moos …

**So geht's:**

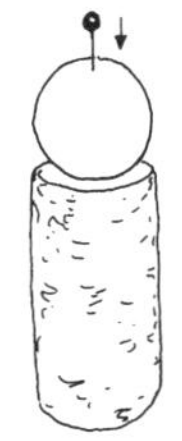

1. Zuerst klebst du für jede Figur, die du machen möchtest – außer für das Jesuskind und die Tiere – eine Kugel auf einen Korken. Zum Trocknen steckst du die Kugel mit einer Stecknadel fest.

2. Die Kleider der Figuren bestehen aus Filz- oder Stoffresten. Der Stoff wird zugeschnitten und direkt auf die Korken geklebt. Die Korken können auch angemalt werden. Die Könige ziehst du besonders prächtig an. Du kannst ihnen Perlen auf die Gewänder nähen, ihnen Kronen basteln und Goldfarbe verwenden.

3. Die Arme und Hände können auch aus Filz ausgeschnitten und angeklebt werden.

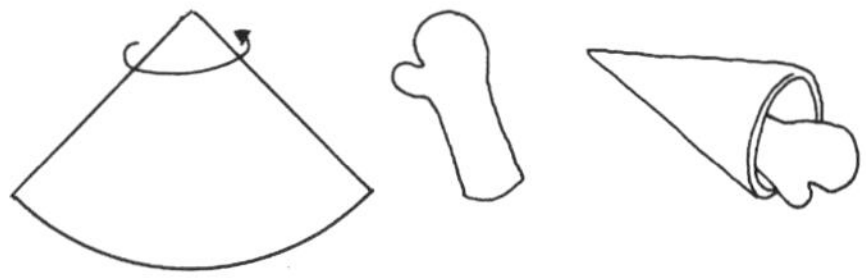

4. Für die Tiere musst du Tierköpfe mit Hals aus Karton ausschneiden und sie in die leicht eingeschlitzten Korken kleben. Natürlich kannst du auch sie anmalen. Schafe bekommen ein Fell aus Watte. Die Tiere können entweder ohne Beine im Stroh liegen oder bekommen Zahnstocher als Beine in den Korkenbauch gepiekt.

5. Das Jesuskind liegt in einer Streichholzschachtelkrippe. Du kannst eine Wattekugel in etwas Stoff einhüllen, sodass nur ein Gesicht zu sehen ist.

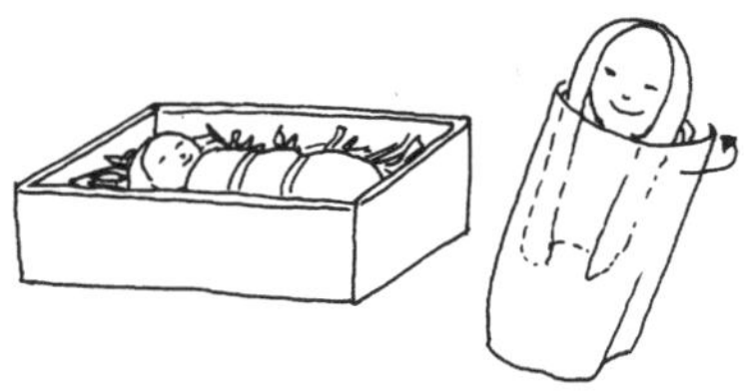

6. Bevor du die Krippe und die Figuren in den Schuhkartonstall stellst, kannst du den Karton bemalen oder mit Moos und Rinde bekleben. Auch können in die Seiten Fenster geschnitten, der Boden mit Stroh belegt und Moos oder Steine zum Schmücken verwendet werden.

# Wachstropfenschmuck

Vorsicht: Bei dieser Arbeit kommt es schnell zu verbrauchter Luft im Zimmer. Achte darauf, dass du immer wieder gut lüftest!

**Du brauchst:**

- Kerzenreste in verschiedenen Farben
- Bindfaden
- kleine Gefäße in verschiedenen Formen, z. B. Eierbecher, Gläser, Kuchenförmchen
- Zeitungsunterlage
- Streichhölzer
- Messer
- Wasser

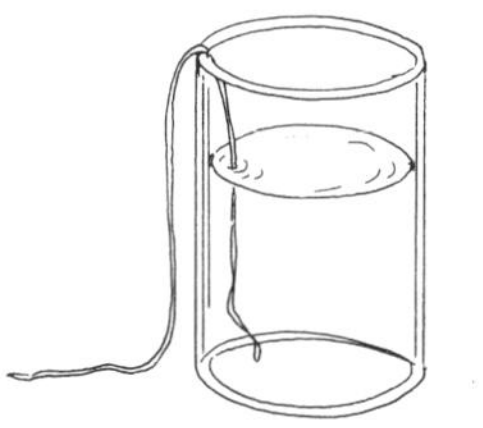

**So geht's:**

1. Fülle eine Form fast bis zum Rand mit Wasser und hänge ein ca. 20 cm langes Bindfadenstück hinein.

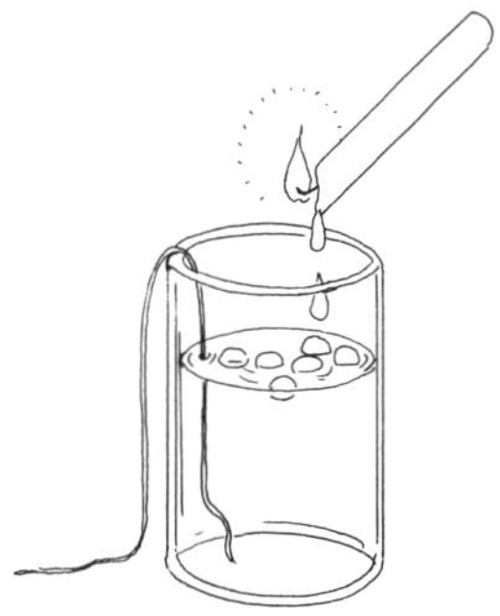

2. Tropfe nun mit den brennenden Kerzen Wachs in die Form. Du kannst versuchen, Muster aus verschiedenen Farben zu tropfen oder die Wasserfläche mit einer Farbe zu füllen. Es dürfen keine Löcher mehr zu sehen sein.

3. Fülle die Wasseroberfläche ganz mit Kerzentropfen aus. Lass dann das Wachs kalt werden. Das dauert ungefähr fünf Minuten.

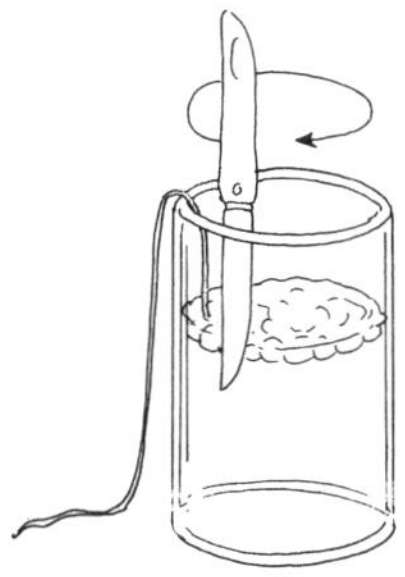

4. Schneide nun vorsichtig mit dem Messer am Rand der Form entlang und nimm die Wachsform aus dem Wasser. An dem Faden kannst du sie ans Fenster hängen oder für den Weihnachtsbaum verwenden. Schön sind die Formen, wenn Licht durchscheinen kann.

Du musst sehr vorsichtig mit deinem fertigen Schmuck sein. Er ist leicht zerbrechlich.

# Zitrus-Schmuck

Zitrus-Schmuck sieht nicht nur schön aus, sondern duftet noch dazu herrlich!

**Du brauchst:**
- eine Zitrone oder Orange
- Kugelschreiber
- Küchenmesser
- eventuell: ganze Gewürznelken, Geschenkband

**So geht's:**

1. Zeichne mit einem Kugelschreiber ein Muster auf die Schale der Zitrone oder Orange.

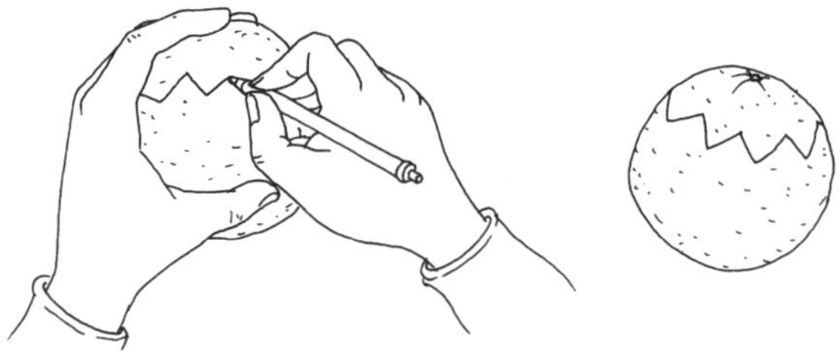

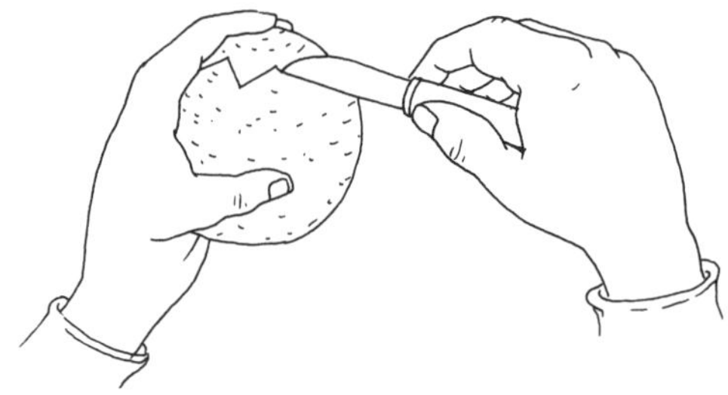

2. Ritze das Muster mit dem Küchenmesser in die Schale. Halte das Messer dabei etwas schräg.

3. Ritze parallel zur ersten Linie eine zweite.

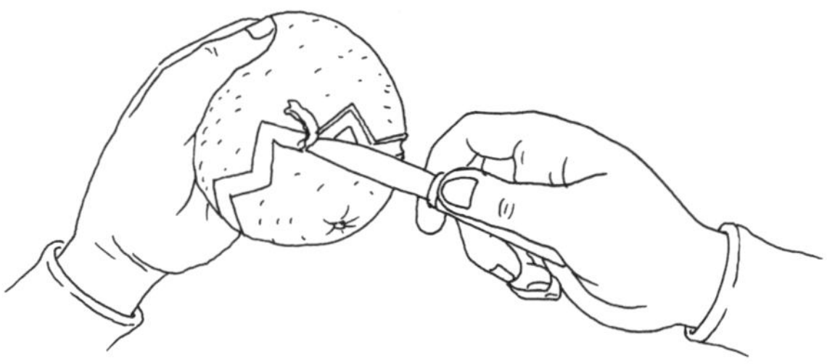

4. Schäle die Schale zwischen den Linien vorsichtig heraus. Du darfst dabei nicht bis zum Fruchtfleisch kommen.

5. Verziehre den Zitrus-Schmuck mit Nelken. Dann kannst du ihn aufhängen oder auf einen Teller legen.

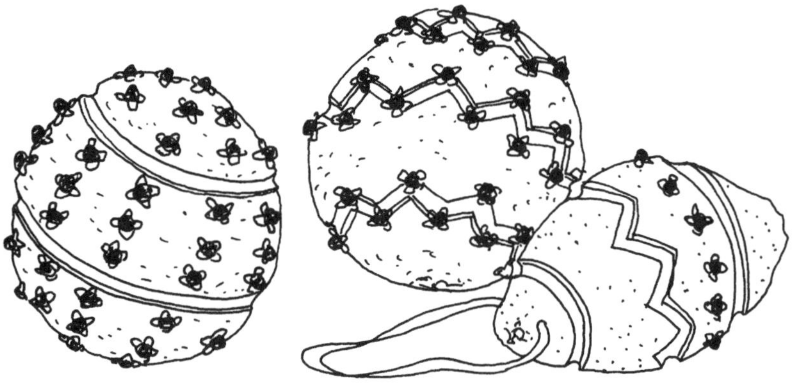

 

# Christbaumschmuck aus Wellpappe

**Du brauchst:**

- Wellpappe
- Ausstechförmchen
- Stift
- Klebstoff
- Schere
- Wasserfarben
- Wasser
- Pinsel
- Schnur

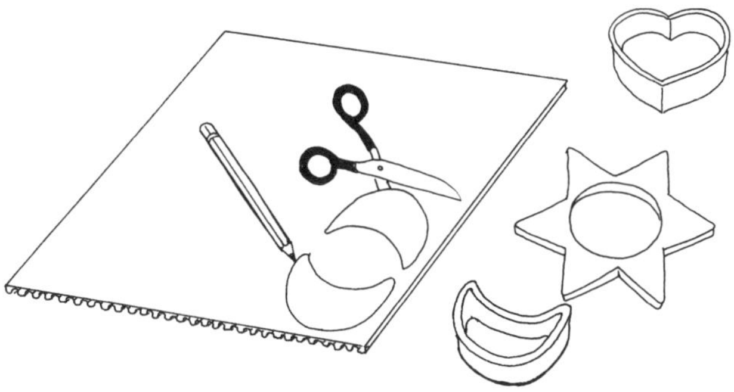

**So geht's:**

1. Drücke ein Förmchen auf die glatte Seite der Wellpappe und umfahre es sorgfältig mit einem Stift. Drehe das Förmchen um und wiederhole den Vorgang.
   Schneide beide Formen aus.

2. Male beide Formen an der gewellten Seite mit Wasserfarbe bunt an und lasse sie dann gut trocknen.
   Du kannst die Formen auch mit Goldlack oder Glitzer besprühen oder bemalen.

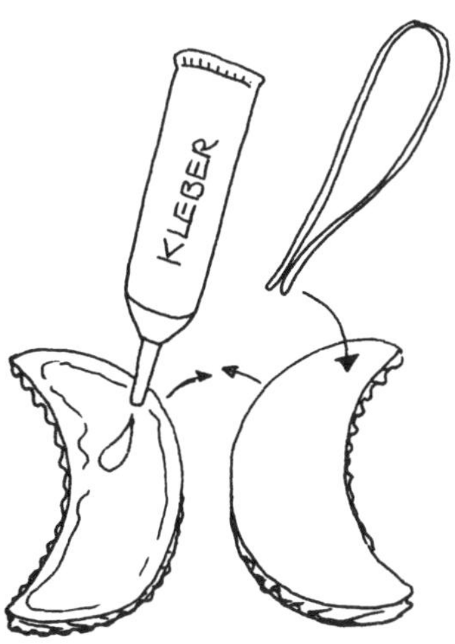


3. Schneide ein Stück Schnur ab, lege die beiden Enden der Schnur auf die Rückseite einer Form, betupfe alles mit Klebstoff und drücke beide Formen aufeinander.

# Lichtertanz und Lieder

Musik A

Musik A

Musik B

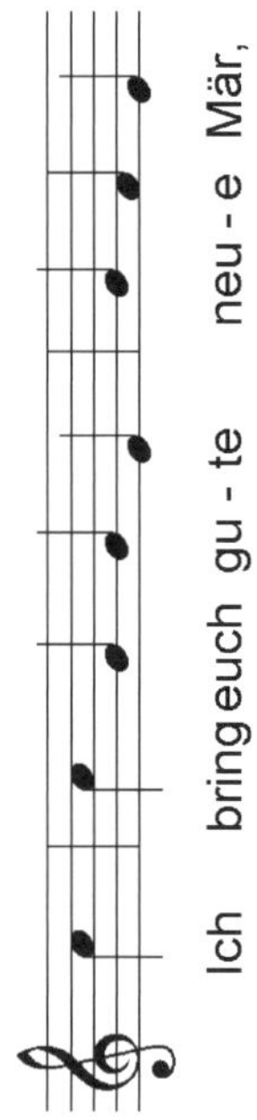


Musik B

Musik C

Musik C

Musik D

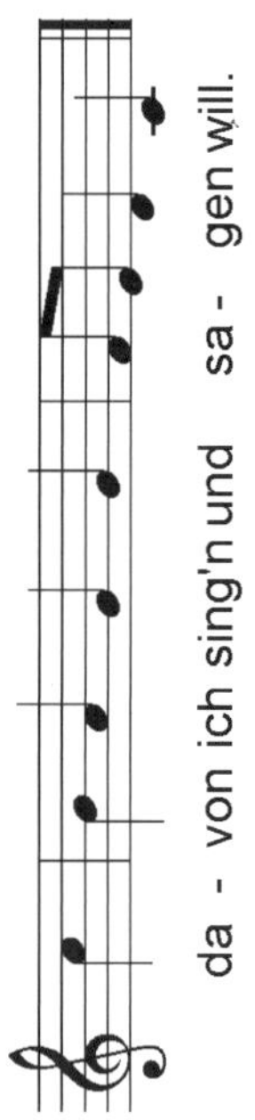


Musik D

## Vorbemerkung

Weihnachtslieder sind Ausdruck der Freude über die Botschaft des Fests. Dieser Freude kann durch eigenen Gesang, durch Tanz oder Musizieren besonders nachhaltig Ausdruck gegeben werden.

## Lehrplanbezug

**Musik**

- Lieder singen und gestalten
- Musik erfinden, Spielen auf einfachen Instrumenten, Improvisieren und gestalten

**Sport**

- Sich zur Musik bewegen, tanzen

**Fremdsprachen**

- Lieder aus anderen Ländern kennenlernen

## Zu den Kopiervorlagen

KV Seite 94

**Santa Lucia**

In Schweden wird das Fest der heiligen Lucia auch heute noch besonders gefeiert (siehe Seite 24 und 27). Ein Lucialied darf dabei natürlich nicht fehlen und kann auch tänzerisch ausgestaltet werden.

Der Lichtertanz zum Lied liegt in zwei Versionen vor. Die erste Version ist recht einfach und mit jeder Klasse schnell zu erlernen, die zweite Version bedarf ein wenig Übung und genügend Platz. Es ist so gedacht, dass alle Kinder in der rechten Hand eine brennende Kerze halten, z. B. ein Teelicht auf der flachen Hand (geht leicht aus) oder eine mit einem Taschentuch umwickelte Haushaltskerze, damit eventuell tropfendes Wachs nicht an die Hand kommt. Die Kinder müssen mit der Flamme sehr vorsichtig sein, auch können die Kerzen beim Laufen ausgehen. Bei sehr unruhigen Kindern kann man auch Teelichte in leere Marmeladengläser stellen und in die Hand nehmen.

*Vorbereitung und Gruppenbildung*
Die Kinder stehen im Kreis, Gesichter nach außen, ihre Kerzen werden schweigend angezündet. Jedes Kind, dessen Kerze brennt, dreht sich langsam mit dem Gesicht zur Mitte.

Gemeinsam singen alle das Lied und tanzen dazu. Die Klasse kann auch geteilt werden: Die eine Hälfte singt, die andere Hälfte tanzt, dann wird getauscht.

**Leichter Lichtertanz**
*Ausgangsstellung:*
Alle Kinder stehen mit den Gesichtern zur Mitte in einem großen Kreis und halten eine brennende Kerze in der rechten Hand.
*Takt 1–4:* langsam zur Mitte gehen, kleinen Kreis bilden
*Takt 5–8:* seitlich nach rechts gehen (Gesicht bleibt der Mitte zugewandt)
*Takt 9–12:* ganze Drehung rechtsherum
*Takt 13–16:* zurück in den großen Ausgangskreis (Achtung: Die Kreisform zu halten ist schwierig, aber wichtig!)
*Takt 9–12, Wiederholung:* halbe Drehung linksherum (Gesicht ist nun nach außen gewandt)
*Takt 13–16, Wiederholung:* seitlich nach links gehen, bei den letzten Tönen: linkes Knie beugen

**Komplizierterer Lichtertanz**

*Ausgangsstellung:*

Die Hälfte der Kinder bildet einen Innenkreis (Gruppe A), die andere Hälfte einen Außenkreis (Gruppe B). Jedes Kind steht seinem Partner gegenüber. In der rechten Hand halten die Kinder die Kerzen.

*Takt 1–2:* mit sechs kleinen Schritten aufeinander zugehen, der rechte Fuß beginnt

*Takt 3–4:* mit sechs kleinen Schritten rückwärts gehen, wieder mit rechts beginnend

*Takt 5–8:* mit kleinen Schritten rechts am Partner vorbeigehen, dann halbe Drehung nach links; die Positionen von Gruppe A und B sind nun vertauscht

*Takt 9–10:* mit kleinen Schritten seitlich nach rechts gehen

*Takt 11–12:* mit kleinen Schritten seitlich nach links gehen (zurück zum eigenen Partner)

*Takt 13–16:* Außenkreis (Gruppe A): ganze Drehung rechtsherum; Innenkreis (Gruppe B): rechts vom eigenen Partner in den Außenkreis gehen

*Takt 9–12, Wiederholung:* Außenkreis (Gruppe A): mit kleinen Schritten nach innen gehen, dann halbe Drehung nach links (Ausgangsstellung); Innenkreis (Gruppe B): ganze Drehung linksherum

*Takt 13–16, Wiederholung:* Innenkreis (Gruppe A) kommt nach außen und stellt sich rechts neben den Partner; Außenkreis (Gruppe B): ganze Drehung rechtsherum, dann noch eine halbe Drehung rechtsherum; am Ende schauen alle nach außen und beugen das linke Knie

KV Seite 95

**Ich steh an deiner Krippe hier**

Krippen- und Hirtenlieder fanden bei uns im späten 16. Jahrhundert Verbreitung, nachdem Jesuiten dieses Liedgut aus Italien mitgebracht hatten. Sie drücken aus, dass besonders die einfachen Leute in der Weihnachtsnacht Jesu nahe sind (siehe Seite 77).

Das hier ausgewählte Lied gehört zum deutschen Kulturgut. Es ist ein leichtes Lied, das sich gut mit Kindern singen lässt. Es kann auch als Einführung zur Chormusik, als Vorbereitung zu einem gemeinsamen Konzertbesuch (Messe, Oratorium, Oper, Orgelkonzert) oder zu einem gemeinsamen Kirchenbesuch in der Adventszeit dienen. Oftmals darf man auf Anfrage auch bei Vormittagsproben dabei sein, was für die Kinder unter Umständen noch interessanter ist.

KV Seite 96

**O Bethlehem, du kleine Stadt**

Dieses alte englische Weihnachtslied hat eine Melodie, die sich in drei Zeilen wiederholt und deswegen für die Schüler leicht lernbar ist. Die dritte Zeile weicht von der Restmelodie ab und ist etwas schwieriger, muss also vielleicht gesondert geübt werden. Es gibt in ihr jedoch keine großen Sprünge und einen klaren Melodieverlauf.

Das Lied kann neben den bekannten, deutschen Weihnachtsliedern eingeführt werden. Der englische Text ist nicht ganz einfach, für die Schüler aber bestimmt interessant. Auch in ein größeres Projekt „Weihnachten in anderen Ländern" lässt sich das Lied gut einbeziehen.

KV Seite 97

**Als ich bei meinen Schafen wacht**

Dieses Hirtenlied gehört zu den kirchlichen Wechselgesängen und war besonders zu Beginn des 17. Jahrhunderts populär. Die Verkündigung wird im Text mit der Anbetung verbunden. Der Echoeffekt macht es für das Singen mit der Klasse besonders reizvoll.

Jeder Teil wird zuerst mit der ganzen Klasse laut gesungen, die Wiederholung hingegen nur von wenigen Kindern oder sehr leise. Bei entsprechender musikalischer Erfahrung der Kinder kann die zweite Stimme hinzugenommen werden.

KV Seite 98

**Josef, lieber Josef mein**

Das Lied gehört zu den weihnachtlichen Wiegenliedern und wurde oft in das Weihnachtsspiel der Gemeinde einbezogen. Der Brauch der Wiegenlieder ging von den Frauenklöstern aus. In der ursprünglichen Fassung des Liedes wurde die Jungfräulichkeit von Maria besonders hervorgehoben.

Das Lied eignet sich gut für eine Ausgestaltung. Die Melodie ist sehr einfach und eingängig. Die Mädchen singen z. B. die erste Strophe, die Jungen die zweite Strophe und alle Kinder die dritte Strophe.

Orff-Instrumente können als Begleitung verwendet werden, z. B.: Ein Glockenspiel begleitet die erste Strophe, ein Metallophon die zweite Strophe, Glockenspiel, Metallophon und Xylophon die dritte Strophe. Alternativ kann jedes erste und dritte Viertel im Takt mit den Akkordgrundtönen der Gitarre geschlagen werden, Cymbeln, Triangel und Schellen schlagen jeweils das erste Viertel im Takt.

## Im Winterwald

KV Seite 99

„Im Winterwald“ ist als Text für eine Klanggeschichte zum Winter gedacht. Gemeinsam wird er gelesen und dann überlegt, welche Geräusche zu den verschiedenen Stellen passen. Die Schüler können selbst Geräusche erfinden, ausprobieren und sich gegenseitig vorstellen. Es können auch Orff-Instrumente eingesetzt werden – je nachdem, was in der Klasse bekannt und bewährt ist.

Nach dem Ausprobieren können Stellen im Text und die dazu passenden Geräusche festgelegt und notiert werden. Dazu können schon eingeführte Musikzeichen für laut, leise, schnell, langsam und Symbole für die Instrumente verwendet werden oder man einigt sich mit den Schülern auf eigene, einfache Zeichen, die über den Text geschrieben werden.

Nun wird der Text von einem Schüler vorgelesen. An den vereinbarten Stellen erklingen die passenden Geräusche. Auch Lesepausen können im Text markiert werden.

Besonders motivierend ist es, die Klanggeschichte aufzunehmen und sich dann gemeinsam anzuhören. Die Schüler können ihre „Aufführung“ besprechen, eventuell noch einmal überarbeiten und dann eine zweite Aufnahme machen. Jeder Kassettenrekorder mit Aufnahmefunktion kann hierfür herangezogen werden.

Die Klanggeschichte kann von der ganzen Klasse gemeinsam oder in Gruppen erarbeitet werden. Bei dieser Arbeitsweise können sich die Gruppen gegenseitig ihre Versionen vorführen. Ein gemeinsames Nachbesprechen ist empfehlenswert.

Der Text kann auch als Fantasiereise langsam vorgelesen werden, als Einstimmung zu einem besinnlichen Thema. Die Schüler machen es sich dafür bequem und schließen die Augen.

# Santa Lucia

Unter dem deutschen Text steht der schwedische Text.
Wenn du das Schwedische richtig aussprechen möchtest, musst du Folgendes beachten:

Das schwedische „å“ wird wie unser „o“ gesprochen.
Das schwedische „o“ wird wie unser „u“ gesprochen.
Das schwedische „u“ wird wir unser „ü“ gesprochen.

# Ich steh an deiner Krippe hier

Dieses Lied ist schon sehr alt. Niemand weiß, wann genau es entstanden ist. 1736 hat Johann Sebastian Bach es zu einem Chorsatz verwandelt und ein wichtiges Stück in seinem Weihnachtsoratorium daraus komponiert. Das Weihnachtsoratorium ist ein großes Werk für einen Chor und ein Orchester. Seit mehr als 250 Jahren wird es in jeder Adventszeit und zu Weihnachten in vielen großen Kirchen gesungen und gespielt.

*Worte: Paul Gerhardt*
*Melodie: Johann Sebastian Bach*

2. Ich lag in tiefster Todesnacht,
du wurdest meine Sonne,
die Sonne, die mir zugebracht,
Licht, Leben, Freud und Wonne.
O Sonne, die das werte Licht
des Glaubens in mir zugericht',
wie schön sind deine Strahlen.

# O Bethlehem, du kleine Stadt

*Worte und Melodie*
*aus dem 16. Jahrhundert*

**Deutscher Text:**

2. Des Herren heilige Geburt verkündet hell der Stern,
   und ewger Friede sei beschert den Menschen nah und fern;
   denn Christus ist geboren, und Engel halten Wacht,
   derweil die Menschen schlafen, die ganze dunkle Nacht.

3. O heilig Kind von Bethlehem, in unsre Herzen komm,
   wirf alle unsre Sünden fort und mach uns frei und fromm!
   Die Weihnachtsengel singen die frohe Botschaft hell:
   Komm auch zu uns und bleib bei uns, o Herr Immanuel!

**Englischer Text:**

2. All morning stars together proclaim the holy birth,
   and praises sing to God the King, and peace to men on earth;
   for Christ is born by Mary; and, gathered all above,
   while mortals sleep the angels keep their watch of wondering love.

3. O holy Child of Bethlehem, descend to us we pray;
   cast out our sin and enter in, be born in us today!
   We hear the Christmas Angels the great glad tidings tell:
   O come to us, abide with us, our Lord Immanuel.

# Als ich bei meinen Schafen wacht

*Chorlied aus dem 17. Jahrhundert*
*nach Friedrich von Spee*

2. Er sagt, es soll geboren sein zu Bethlehem ein Kindelein …

3. Er sagt, das Kind läg da im Stall und sollt die Welt erlösen all …

4. Als ich das Kind im Stall gesehn, nicht wohl konnt ich von dannen gehn …

5. Den Schatz muss ich bewahren wohl, so bleibt mein Herz der Freuden voll …

# Josef, lieber Josef mein

*Text und Melodie*
*aus dem 14. Jahrhundert*

2. Gerne, liebe Maria mein,
   helf ich wiegen dein Kindelein,
   Gott, der wird mein Lohner sein,
   im Himmelreich, der Jungfrau Sohn Maria.

3. Süßer Jesu auserkor'n,
   weißt wohl, dass wir warn verlor'n,
   still uns deines Vaters Zorn,
   dich hat gebor'n die reine Magd Maria.

# Im Winterwald

Es ist Weihnachten. Leise fällt der Schnee und legt sich auf die schon ganz weißen Bäume. Hier und da knackt ein Zweig. Manchmal hört man auch ein dumpfes Geräusch, wenn die Schneelast auf einem Ast zu schwer geworden ist und wie eine kleine Lawine auf den Boden fällt.

Du befindest dich in diesem Wald, machst einen Spaziergang. Unter deinen Schritten knirscht der Schnee. An einem kleinen Bach bleibst du stehen. Du siehst das Eis an den Rändern, doch in der Mitte plätschert das Wasser noch lustig vor sich hin. Kalt sieht es aus. Mit deinen Stiefeln probierst du aus, wie dick das Eis ist. Einen leichten Druck hält es aus, doch dann bricht es klirrend und knackend auseinander.

Von dem Geräusch ist eine Amsel aufgeschreckt. Laut schimpfend fliegt sie davon und sucht sich einen neuen, schneegeschützten Platz. Du hast gehofft, noch mehr Tiere zu sehen oder zu hören, doch alle halten sich versteckt.

Am Waldrand machst du einen Schneeball und wirfst ihn gegen einen Baumstamm. Mit einem „Pflong“ zerplatzt er. Die Schneeballlust packt dich: Schneeball auf Schneeball zerplatzt an den Bäumen. Manche treffen nicht und fallen geräuschlos in den Schnee. Einen wirfst du auf das Landschaftsschutzschild. Doch über dieses blecherne, laute Geräusch erschrickst du selbst. Es passt nicht zu dem fallenden Schnee und der sich ausbreitenden, immer dicker werdenden weißen Decke. Unter ihr werden alle lauten Geräusche vergraben.

Jetzt bist du wieder still, hörst, wie der Schnee ganz leise fällt. Durch den dicken Schnee gehst du nun am Waldrand entlang, den Lichtern des Ortes entgegen. Gerade als du die Bäume verlässt und über die Felder zurückgehen willst, beginnen die Kirchenglocken im Dorf zu läuten.

Es ist Zeit für dich, nach Hause zu gehen.

# Spiele im Schnee

Spiele A

Spiele A

Spiele B

Spiele B

Spiele C

Spiele C

Spiele D

Spiele D

# Spiele im Schnee (1)

**Wer rollt die größte Schneekugel?**
Auf los geht's los: Jeder versucht in einer bestimmten Zeit, z.B. in drei Minuten, die größte Schneekugel zu rollen. Wenn die Kugeln fertig sind, könnt ihr sie auch auf einer Personenwaage wiegen, um den Sieger festzustellen.
Aus den vielen Schneekugeln lässt sich ein tolles Schneehaus oder Iglu bauen.

**Schneeballkunststücke**
Ihr stellt euch in einem großen Kreis auf. Jeder hat einen gut geformten Schneeball, den er in die Luft werfen und wieder auffangen kann. Nun werden die Schneebälle in die Luft geworfen und vor dem Auffangen kleine Kunststücke gemacht: sich einmal im Kreis drehen, möglichst oft in die Hände klatschen, Platzwechseln mit dem Nachbarn, sich auf den Bauch legen und wieder aufstehen, auf einem Bein hüpfen, den Schneeball im Nacken auffangen …
Bestimmt habt ihr noch mehr Ideen für Kunststücke. Führt sie euch gegenseitig vor.

**Schnee-Engel**
Jeder legt sich so in den Schnee, dass ausreichend Platz bis zum nächsten Kind ist, z.B. in einen großen Kreis. Auf dem Rücken im Schnee liegend bewegst du die ausgestreckten Arme an deinem Körper entlang hoch und runter. Die Abdrücke sehen dann aus wie Flügel von einem Engel. Die ausgestreckten Beine machst du so weit auseinander wie möglich und schiebst sie im Schnee wieder zusammen. So entsteht das Gewand des Engels. Stehe vorsichtig auf.
Wenn du willst, kannst du deinem Engel z.B. mit Tannenzapfen oder Zweigen eine Krone machen und das Gewand verzieren.

# Spiele im Schnee (2)

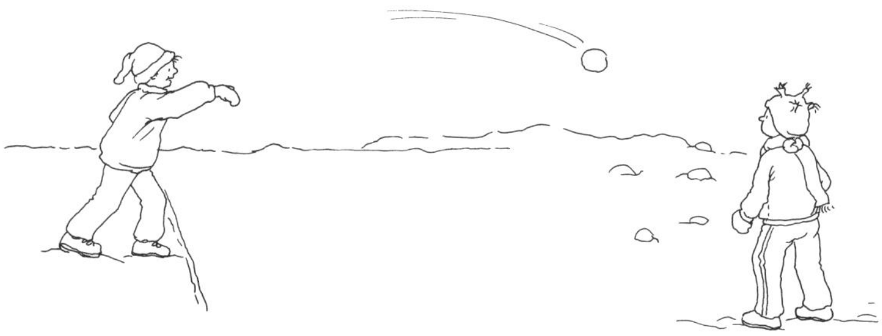

**Schneeballweitwerfen**
Macht mit dem Fuß eine lange Linie in den Schnee. Von dieser Linie aus dürft ihr nun gleichzeitig oder nacheinander Schneebälle so weit wie möglich werfen. Ihr müsst euch aber gut merken, welcher Schneeball von wem war. Hier kann ein Schiedsrichter hilfreich sein, der sich „auf Ballhöhe“ befindet.

**Schlittenhunde-Rennen**
Für dieses Spiel braucht ihr nur einen Schlitten pro Mannschaft. Einer ist der Spielleiter und bildet aus den Mitspielern Mannschaften zu je drei Spielern. Zwei davon sind zunächst die Schlittenhunde, einer ihr Führer. Vor einer abgesteckten Strecke stellen sich die Mannschaften an der Startlinie auf. Der Spielleiter gibt das Startsignal und das Rennen geht los: Die Schlittenhunde ziehen den Schlitten, ihr Führer fährt auf dem Schlitten mit. Am Ende der Strecke tauscht ein Schlittenhund die Rolle mit dem Führer und das Rennen geht in entgegengesetzter Richtung weiter. Zurück am Startpunkt wird der dritte Spieler der Führer auf dem Schlitten und abermals wird die Strecke zurückgelegt.

Wer nach dreimaligem Hin und Her vorne liegt, hat gewonnen. Fällt einer der Führer während des Rennens vom Schlitten, muss eine Strafaufgabe erfüllt werden, z. B. drei Schneebälle hinter die Ziellinie werfen. Erst danach darf das Team das Rennen fortsetzen.

**Leuchtende Schneebälle**
Macht mehrere handgroße Schneebälle. Ihr könnt sie außen aufs Fensterbrett, auf den Balkon oder an eine schöne Stelle im Garten legen. Drückt in jeden Schneeball ein Teelicht. Es muss so tief hineingedrückt werden, dass der Wind es nicht ausmachen kann. Wenn es dunkel wird, könnt ihr die Kerzen anmachen und habt kleine, glitzernde Laternen.

# Spiele im Schnee (3)

**Rollmops-Treiben**

Wer zielt am besten? Ihr braucht für dieses Spiel mehrere Luftballons. Zuerst helfen alle beim Stampfen des Spielfelds in den Schnee: Im Abstand von fünf bis acht Metern werden zwei Linien gezogen, das sind die Ziellinien. Dahinter gibt es nach etwa zwei Metern jeweils noch eine Linie. Hinter diesen stehen die Mannschaften. Ein Luftballon wird ziemlich groß aufgeblasen und genau in die Mitte des Spielfelds gelegt, das ist der Rollmops.

Bildet zwei Mannschaften, die jeweils hinter den äußeren Linien Aufstellung beziehen. Auf das Startkommando versucht jede Mannschaft, den Rollmops mit eilig geformten Schneebällen über die Ziellinie der gegnerischen Mannschaft zu schießen. Wem das zuerst gelingt, hat gewonnen. Bringt eine Mannschaft den Luftballon sogar zum Platzen, gibt's einen Sonderpunkt.
Vorsicht beim Werfen der Schneebälle! Ihr sollt den Ballon und nicht die gegnerische Mannschaft treffen.

**Schnappschuss**

Lebendige Schnappschüsse im Schnee ganz ohne Fotoapparat kannst du auf diese Art machen: Bildet Paare. Einer von euch ist der „Schnappschuss", der andere der Fotograf. Der Fotograf nimmt den Schnappschuss an beide Hände und dreht sich immer schneller um sich selbst. Plötzlich lässt er los: Der Schnappschuss „fliegt" davon, landet irgendwie im Schnee und bleibt regungslos liegen.
Bei der Erklärung seines Schnappschusses hat der Fotograf viel Raum für Fantasie, z. B.: „Das ist Leonie beim Gartenumgraben, aus Versehen hat sie aber den Spaten verbuddelt ..." Besonders gelungene Schnee-Schnappschüsse kannst du mit einem echten Fotoapparat als Erinnerung festhalten.
Achtung: Dieses Spiel eignet sich für Stellen, an denen viel Platz ist und keine Bäume stehen!

# Backen

Backen A

Backen A

Backen B

Backen B

Backen C

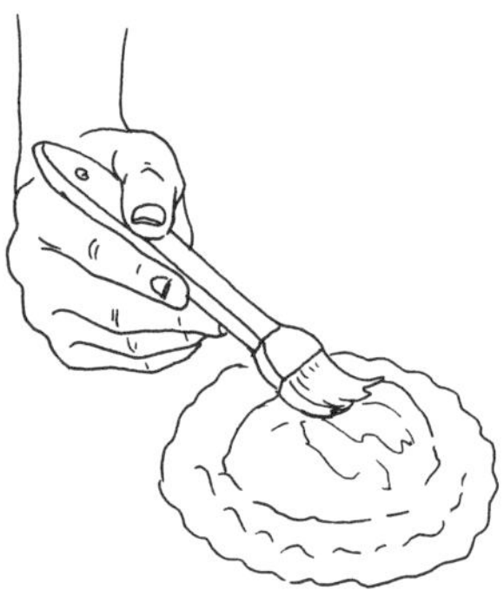

Backen C

Backen D

Backen D

## Vorbemerkung

Bekanntes Weihnachtsgebäck steht in den folgenden Rezepten neben regionalen Spezialitäten und Leckerbissen aus dem fernen Russland. Gemeinsames Backen kann ein sehr stimmungsvolles Erlebnis für die Klasse sein – ganz zu schweigen vom gemeinsamen Verzehr der Leckereien bei Kerzenlicht und weihnachtlicher Vorlesestunde …

## Lehrplanbezug

**Sachunterricht**

- Regionale Bräuche kennenlernen
- Leben im Jahreslauf

**Deutsch**

- Lesen und Umsetzen von Gebrauchsanweisungen, Rezepten

## Zu den Kopiervorlagen

KV Seite 106

**Lebkuchen backen**

Lebkuchen ist das wohl bekannteste Weihnachtsgebäck. In jeder Region sind sie in vielen verschiedenen Variationen zu haben. Es gibt ganz berühmte Lebkuchen, wie z. B. die Elisenlebkuchen, aber auch viele einfachere und trotzdem sehr leckere Sorten. Leider sind Lebkuchen nicht ganz billig und auch etwas aufwändiger herzustellen als andere Leckereien. Das hier ausgesuchte Rezept ist recht einfach. Der Teig muss nicht, wie sonst meist üblich, über Nacht ruhen.

Das Backen von Lebkuchen kann im Zusammenhang mit dem Thema „Gewürze" (Seite 124–136) stehen.

KV Seite 107

**Bratäpfel**

Dieses Rezept ist ein „Klassiker" für die kalte Jahreszeit, den die meisten Kinder lieben. Im religiösen Zusammenhang symbolisiert der Apfel die Äpfel im Paradies und den Sündenfall.

KV Seite 108

**Schokobusserl**

Ein bayrisches Rezept, wie bereits die Bezeichnung „Busserl" (= Kuss) verrät.

KV Seite 109

**Russische Piroggen**

Piroggen sind gefüllte Teigtaschen. Man kann sie süß oder salzig, heiß oder kalt essen.

KV Seite 110

**Schlehensaft zubereiten**

Schlehen sind sehr gesund und wachsen an Wald- und Feldrändern. Schlehensaft selbst zu machen ist billig und einfach, braucht aber etwas Zeit. Man erntet die Schlehen nach dem ersten Frost. Bei einem Unterrichtsgang können sie gemeinsam gepflückt werden. (Achtung: Schlehen sind sehr dornig; alte Kleider anziehen oder vorsichtig sein!) Gestalten Sie das Schlehenpflücken als Wettbewerb: Welche Gruppe oder welches Kind hat am Ende die meisten Schlehen in der Tüte?

Der Schlehensaft kann von jedem Kind zu Hause selbst gemacht werden – oder man stellt die Gläser in der Klasse auf dem Fensterbrett auf. Besonders gut eignen sich Einmachgläser, die die Kinder vielleicht bei Omas, Tanten oder Nachbarn ausleihen können, wenn sie zu Hause selbst keine haben. In der Klasse wird außerdem eine Kochplatte benötigt.

Selbst geschriebene und gestaltete Etiketten machen aus jeder Flasche Schlehensaft ein schönes Weihnachtsgeschenk oder locken zum Kauf. Auf den Etiketten kann auch stehen, wie der Saft zu trinken und nach Belieben noch zu würzen ist.

# Lebkuchen backen

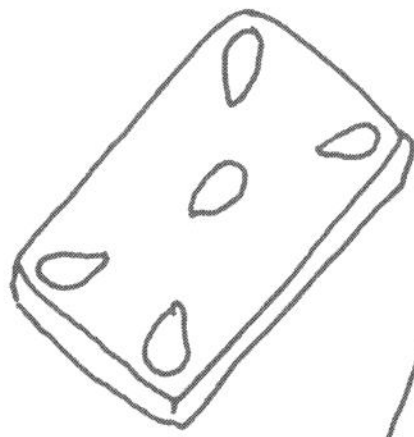

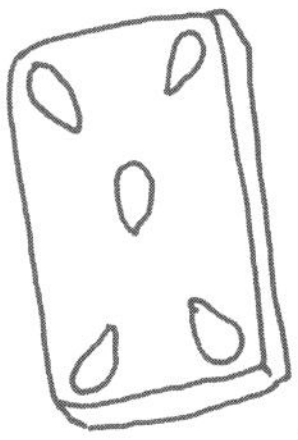
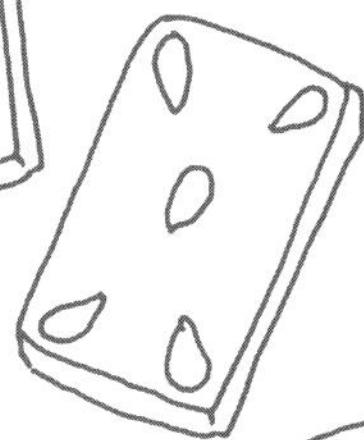
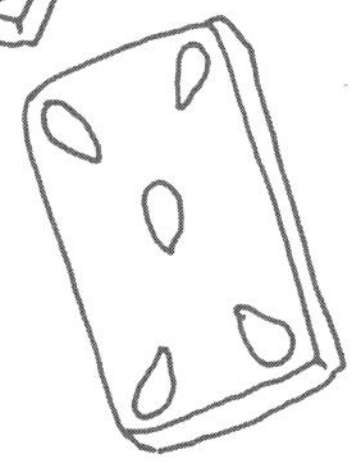
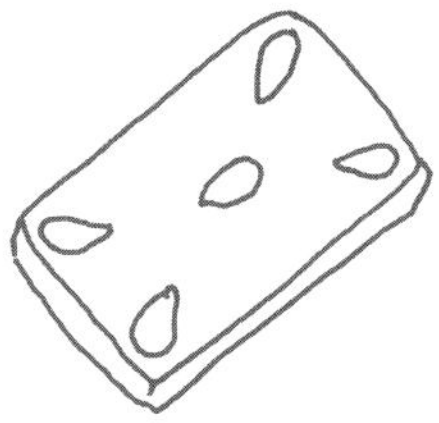
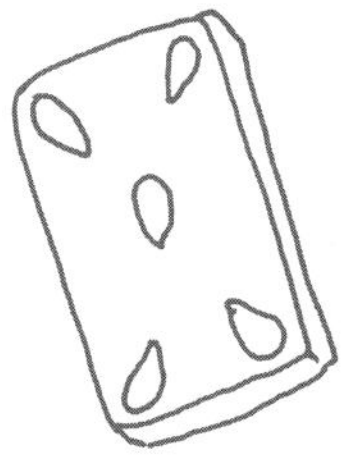

**Du brauchst:**

- 500 g Zucker
- 5 Eier
- 500 g Honig
- 500 g Mehl
- 1 Päckchen Backpulver
- 500 g gemahlene Haselnüsse
- 2 Päckchen Lebkuchengewürz
- zur Dekoration: geschälte ganze Mandeln
- eventuell: Backoblaten (Durchmesser 7 cm) und Kuvertüre

**So geht's:**

1. Schlage den Zucker und die Eier schaumig. Rühre danach den Honig ein.

2. Rühre anschließend das mit Backpulver vermischte Mehl zusammen mit dem Lebkuchengewürz unter.

3. Gib den Teig auf ein gefettetes Backblech, streiche ihn glatt und verziere ihn mit Mandeln.

4. Backe den Teig bei 180 Grad ca. 45 Minuten hellbraun und schneide ihn noch warm in viereckige Stücke.

**Varianten:**

Du kannst den Teig auch auf Oblaten geben und runde Lebkuchen backen.

Eine weitere Möglichkeit ist es, die Lebkuchen mit geschmolzener Schokolade zu bestreichen. Dafür lässt du die gebackenen Lebkuchen auskühlen und bestreichst sie dann mit der Kuvertüre. Danach muss diese gut trocknen.

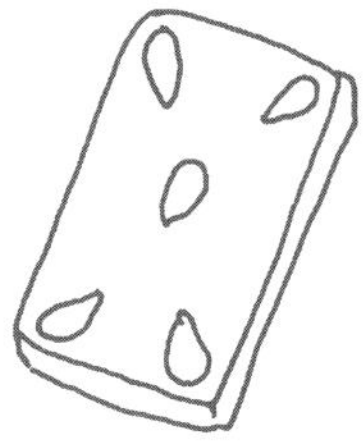

 

# Bratäpfel

**Du brauchst für einen Apfel:**

- 1 Teelöffel gemahlene Mandeln
- 1 Teelöffel gehackte Mandeln
- 1 Teelöffel Butter
- ½ Teelöffel Honig oder Zucker
- 1 Messerspitze Zimt

**So geht's:**

1. Wasche die Äpfel gründlich.

2. Entferne mit einem Apfelausstecher das Gehäuse.

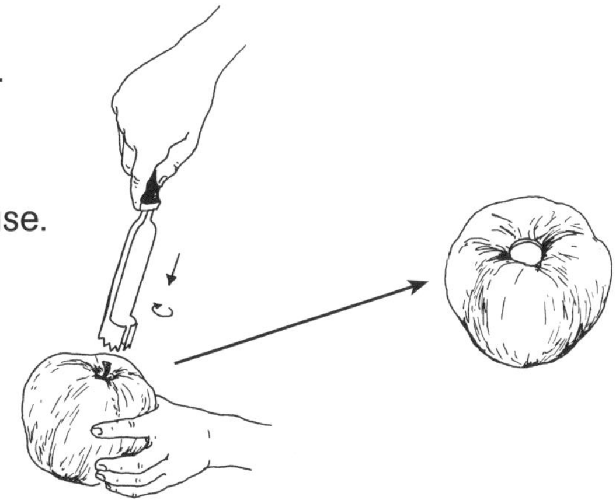

3. Vermische alle Zutaten gut und fülle sie in die Äpfel.

4. Backe die Äpfel ca. 15–20 Minuten bei 175 Grad.

Mit Vanillesauce dazu schmeckt's noch besser!

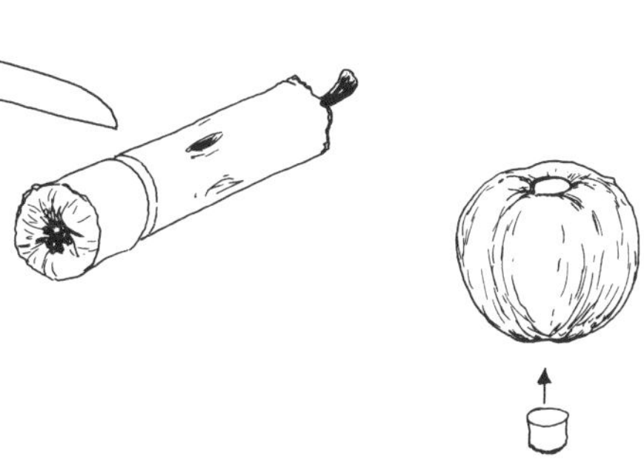

Tipp: Schneide von dem ausgestochenen Apfelgehäuse das unterste Stück ab und stecke es als „Stöpsel" wieder unten in den Apfel hinein. So kann die Füllung nicht herausfallen.

# Schokobusserl

**Du brauchst für ungefähr 60 Schokobusserl:**

- 150 g Zartbitterschokolade
- 150 g weiche Butter
- 125 g Zucker
- 2 Eier
- 240 g gemahlene Mandeln
- 50 g Mehl
- 1 Esslöffel Kakaopulver
- 150 g Zartbitterkuvertüre
- Backpapier für das Backblech

**So geht's:**

1. Reibe die Schokolade.

2. Rühre die Butter mit dem Zucker cremig und rühre nacheinander die Eier unter.

3. Mische die geriebene Schokolade, die Mandeln, das Mehl und das Kakaopulver und vermenge die Zutaten mit der Buttermasse.

4. Stelle den Teig für 45 Minuten kühl.

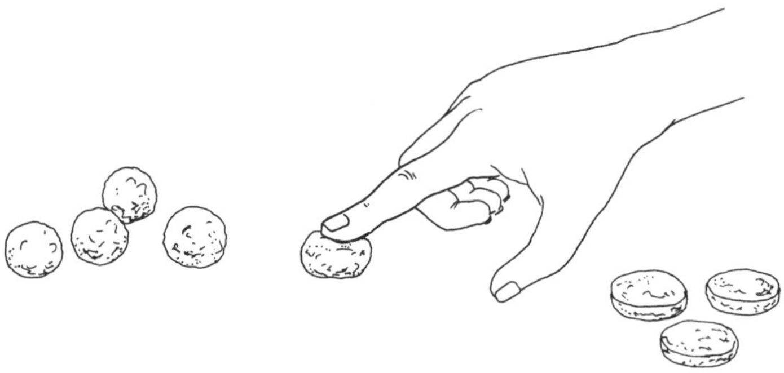

5. Forme aus dem Teig kleine Kugeln, drücke diese platt und lege sie mit etwas Abstand auf das mit Backpapier ausgelegte Blech.

6. Backe die Busserl im vorgeheizten Ofen 10–15 Minuten bei 190 Grad. Lass sie danach etwa fünf Minuten auf dem Blech liegen, bevor du sie zum vollständigen Auskühlen herunternimmst.

7. Lass die Kuvertüre im Wasserbad schmelzen. Tauche die Busserl zur Hälfte in die Schokolade und lege sie zum Trocknen wieder auf das Backpapier.

# Russische Piroggen

**Das brauchst du für den Teig:**

- 500 g Weizenvollkornmehl
- 1 Päckchen Trockenhefe
- ½ Esslöffel Zucker
- ca. 250 ml lauwarmes Wasser oder lauwarme Milch
- 2 Esslöffel Butter
- 1 Ei
- 1 Prise Salz
- Eigelb zum Bestreichen
- Glas zum Ausstechen

**So geht's:**

1. Verknete alle Zutaten gründlich miteinander. So erhältst du einen dicken, nicht klebrigen Teig.

2. Decke die Schüssel mit einem Tuch ab und lass den Teig an einem warmen Ort ca. 30 Minuten gehen.

3. Rolle den Teig ca. ½ cm dick aus und schneide gleich große Kreise (etwa 8 cm Durchmesser) oder Vierecke aus. Du kannst die Kreise auch wie in der Abbildung mit einem Glas ausstechen.

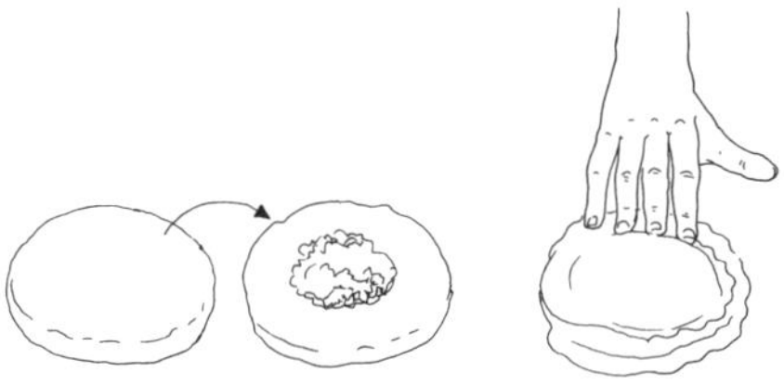

4. Gib einen Esslöffel Füllung (siehe unten) in die Mitte eines Teigplätzchens. Bedecke es mit einem anderen Teigplätzchen. Drücke die Ränder sorgfältig fest.

5. Lass den Teig noch einmal 15 Minuten gehen.

6. Bestreiche die Teigtaschen mit dem verquirlten Eigelb und backe sie im vorgeheizten Backofen bei 180 Grad etwa 20 Minuten goldgelb.

7. Die fertigen Piroggen können sofort nach dem Backen noch mit Butter bestrichen werden.

**Mögliche Füllungen:**

- Klein geschnittenen Lauch in Sahne dünsten, Salz und Pfeffer dazugeben.
- Spinat mit Knoblauch, Salz und Muskat dünsten und mit geriebenem Käse mischen.
- Schinkenwürfel mit Dill und saurer Sahne mischen.
- Eine fein gehackte Zwiebel in Butter andünsten, in Scheiben geschnittene Champignons dazugeben, fünf Minuten schwach kochen lassen. Salz, Pfeffer, saure Sahne, Petersilie und Dill dazugeben.
- Quark mit Mandeln, Rosinen und etwas Zucker vermischen.
- Preiselbeeren mit Quark vermischen.
- Apfelmus mit sauren Kirschen vermischen.

# Schlehensaft zubereiten

**Du brauchst:**

- Schlehen (am besten selbst gepfückt)
- Zucker
- große, hitzefeste Gläser
- Topf
- Sieb
- Messbecher
- leere Flaschen mit Schraubverschluss

**So geht's:**

1. Gib die gewaschenen Schlehen in die Gläser.

2. Fülle kochendes Wasser in die „Schlehengläser", bis alle Schlehen gut bedeckt sind.

3. Warte 24 Stunden ab.

4. Siebe das Schlehenwasser in einen Topf ab, bringe es kurz zum Kochen und gib es wieder auf die Schlehen.

5. Warte wieder 24 Stunden.

6. Siebe das Schlehenwasser erneut in einen Topf ab, lass es kurz aufkochen und gib es zum letzten Mal auf die Schlehen.

7. Miss nach weiteren 24 Stunden den abgesiebten Schlehensaft mit einem Messbecher ab. Bringe den Saft nun mit 100–150 g Zucker pro Liter zum Kochen.

8. Gib den kochend heißen Saft in gründlich ausgespülte Flaschen und verschließe sie sofort luftdicht. Nun ist der Saft fertig.

Verdünne zum Trinken ein halbes Glas Saft mit einem halben Glas Wasser. Heiß schmeckt der Saft besonders gut! Je nach Geschmack kannst du ihn noch mit Glühweingewürzen (Zimt, Nelken, Anis, Fenchel), Zitronensaft oder noch mehr Zucker verfeinern.

Zum Wohl!

Tipp: Man kann die Schlehen noch für einen zweiten Auszug verwenden. Allerdings wird dann der Saft dünner und muss vor dem Trinken nicht mehr verdünnt werden. Der Saft wird genauso zubereitet wie beim ersten Mal.

# 5. Kapitel: Projekte

## Ein Krippenspiel

Krippenspiel A

Krippenspiel A

Krippenspiel B

Krippenspiel B

Krippenspiel C

Krippenspiel C

Krippenspiel D

Krippenspiel D

## Vorbemerkung

Die Weihnachtsgeschichte nach Lukas bildet die Grundlage der christlichen Religion; die abendländische Kultur wurde wesentlich durch sie geprägt. Eine aktive Beschäftigung mit dem Text und seiner Bedeutung bringt den Kindern ein Stück ihres kulturellen Erbes näher.

## Lehrplanbezug

**Religion**
- Das Leben Jesu Christi, die Weihnachtsgeschichte aus dem Lukasevangelium

**Ethik**
- Religionen begegnen

**Sachunterricht**
- Orientierung im Raum, Umgang mit Karten

**Deutsch**
- Texte lesen und verstehen
- Sprache spielerisch umsetzen, verständlich und ausdrucksvoll sprechen, Szenen gestalten

**Musik**
- Lieder singen und begleiten

## Historischer Hintergrund

### Zur Person Jesus Christus

Dass Jesus Christus eine historische Persönlichkeit war, gilt heute allgemein als gesichert. Seine Geburt wird von den meisten Historikern auf 8 bis 4 Jahre vor Beginn der Zeitrechnung datiert. (Im Jahr 4 vor der Zeitrechnung starb Herodes und es ist wahrscheinlich, dass Herodes zum Zeitpunkt der Geburt Christi noch lebte.) Christi Tod wird auf das Jahr 30 datiert. Die Zeugnisse über Jesus zeigen, dass er als jüdischer Wanderprediger in den römischen Provinzen Galiläa und Judäa gewirkt hat. Er wurde dabei nicht nur von Männern, sondern auch von Frauen begleitet. Das sorgte in der streng patriarchalischen jüdischen Gesellschaft für großes Aufsehen. Er predigte den baldigen Beginn der Herrschaft Gottes auf Erden und die Errettung der Menschen durch sich selbst als Vermittler dieser Errettung. Obwohl er immer wieder gegen das jüdische Gesetz der Thora verstieß und häufig Umgang mit Randgruppen der Gesellschaft hatte, gibt es keinerlei Anzeichen dafür, dass er eine neue Religion gründen wollte. Er erließ praktisch keine neuen Gebote, sondern berief sich immer auf die alten jüdischen Gesetze. Historisch hat sich das Christentum erst im 2. Jahrhundert vom jüdischen Glauben gelöst: Es ist aus einer der zahlreichen jüdischen Sekten des Nahen Ostens herausgetreten und zu einer eigenen Religion geworden.

Informationen über das Leben Jesu finden sich in erster Linie in den Schriften des Neuen Testaments, aber auch bei nicht christlichen Schriftstellern wie Josephus Flavius und Tacitus.

### Zur geografischen Lage

Nur wenige Schüler haben eine konkrete geografische Vorstellung. Wahrscheinlich würden die wenigsten Israel auf einer Weltkarte finden. Die genauere Betrachtung einer solchen kann sehr anregend, aufschlussreich und interessant sein. Aus anderen Ländern stammende Schüler können zeigen, wo sie herkommen, Ferienziele werden entdeckt. Und die Geschehen aus den Tagesnachrichten lassen sich ein wenig lokalisieren. So kann man dann das Gebiet um Israel langsam einkreisen und zeigen, wo die historischen Orte aus der Bibel wirklich liegen. Für viele Schüler wird Jesus dadurch greifbarer: Er verliert etwas von seiner Unberührbarkeit, kann aber auch realer gedacht werden. Die Weihnachtsgeschichte aus dem Lukasevangelium liest sich ganz anders, wenn die Kinder eine konkrete Vorstellung von der Entfernung zwischen den Orten haben und davon, wo diese eigentlich liegen und dass sie wirklich existieren. Weisen Sie auf die unterschiedlichen Namen mancher Länder und Städte früher und heute hin.

## Zu den Kopiervorlagen

KV Seite 114

### Das Land von Jesus Christus

Beim Ausmessen und Ausrechnen der Entfernung, die Maria und Josef zurücklegen mussten, ist darauf hinzuweisen, dass hierbei nicht von der Luftlinie zwischen den beiden Orten ausgegangen werden kann. Auch ist es sinnvoll, über die Mühen des Vorwärtskommens zur damaligen Zeit zu berichten: unebene Wege, keine Wagen oder Kutschen für arme Leute, Wegelagerer, Schwierigkeiten bei den Gewässerüberquerungen ... Und Maria war schwanger! Möchte man dieses Thema ausweiten, kann man darauf hinweisen, dass – wie die Bibel berichtet – Maria, Josef und das Kind nach dessen Geburt nach Ägypten fliehen mussten. Auch dieser Weg kann auf einer Karte verfolgt und besprochen werden.

KV Seite 115

### Die Weihnachtsgeschichte

An manchen Stellen wurde der Text vereinfacht und dem Sprachgebrauch der Kinder angepasst.

Es empfiehlt sich, zuerst die Weihnachtsgeschichte nach dem Lukasevangelium zusammen zu lesen. Unbekannte Wörter und Ausdrücke können besprochen werden. Als Hintergrundinformation für die Schüler kann darüber gesprochen werden, dass das Evangelium etwa 1800 Jahre alt ist und die Geschichte sowie der Text lange Zeit überliefert worden sind und dann in der Bibel, dem wichtigsten Buch der Christen, ihren Platz gefunden haben (vgl. den Koran für die Moslems oder die Thora für die Juden). Viele Krippendarstellungen, Spiele, Weihnachtsbräuche und Vorstellungen leiten sich vom Lukasevangelium ab.

KV Seite 116/117

### Ein Krippenspiel

Das Krippenspiel ist als Singspiel gedacht. Die Lieder sind Vorschläge, die inhaltlich an die jeweilige Stelle passen und für Kinder singbar sind. Natürlich können Lieder weggelassen oder durch andere ersetzt werden. Die vorgeschlagenen Lieder gehören fast alle zum deutschen Kulturgut. Die Noten befinden sich in diesem Material auf den Seiten 90 (in „Quartettform“) und 95–98. Keine Noten gibt es zum Lied „Es ist ein Ros’ entsprungen“, das aber in fast jedem Buch mit Weihnachtsliedern zu finden ist.

Die Lieder können mit einfachen Stabspielen begleitet werden, Glockenklang kann den Anfang und das Ende des Stücks oder eines Liedes begleiten. Die Lieder können z. T. von wenigen Kindern, einzelnen Gruppen oder strophenweise abwechselnd gesungen werden (siehe auch Anmerkungen zu den Liedern auf Seite 92/93).

Name:

# Das Land von Jesus Christus

Jesus lebte und wirkte in den römischen Provinzen Galiläa und Judäa. Diese standen unter der Herrschaft von Kaiser Augustus, der sein Reich von Rom aus regierte. Vor 2000 Jahren brauchte man Wochen, um diese große Strecke zwischen Rom und Jerusalem zurückzulegen. Für jeden Befehl, jede Nachricht und jeden Bericht wurden Boten hin- und hergeschickt.

So befahl Kaiser Augustus, dass eine Volkszählung gemacht werden sollte. Dafür mussten alle Bürger in ihre Heimatstädte reisen. Maria und Josef lebten in Nazareth und mussten nach Bethlehem, wo Josef geboren worden war. Zu Fuß oder auf einem Esel dauerte dieser Weg viele Tage. In Bethlehem wurde dann das Jesuskind geboren.

**Berechne mithilfe deines Lineals, wie weit der Weg von Nazareth nach Bethlehem ungefähr war, und zeichne ihn ein.**

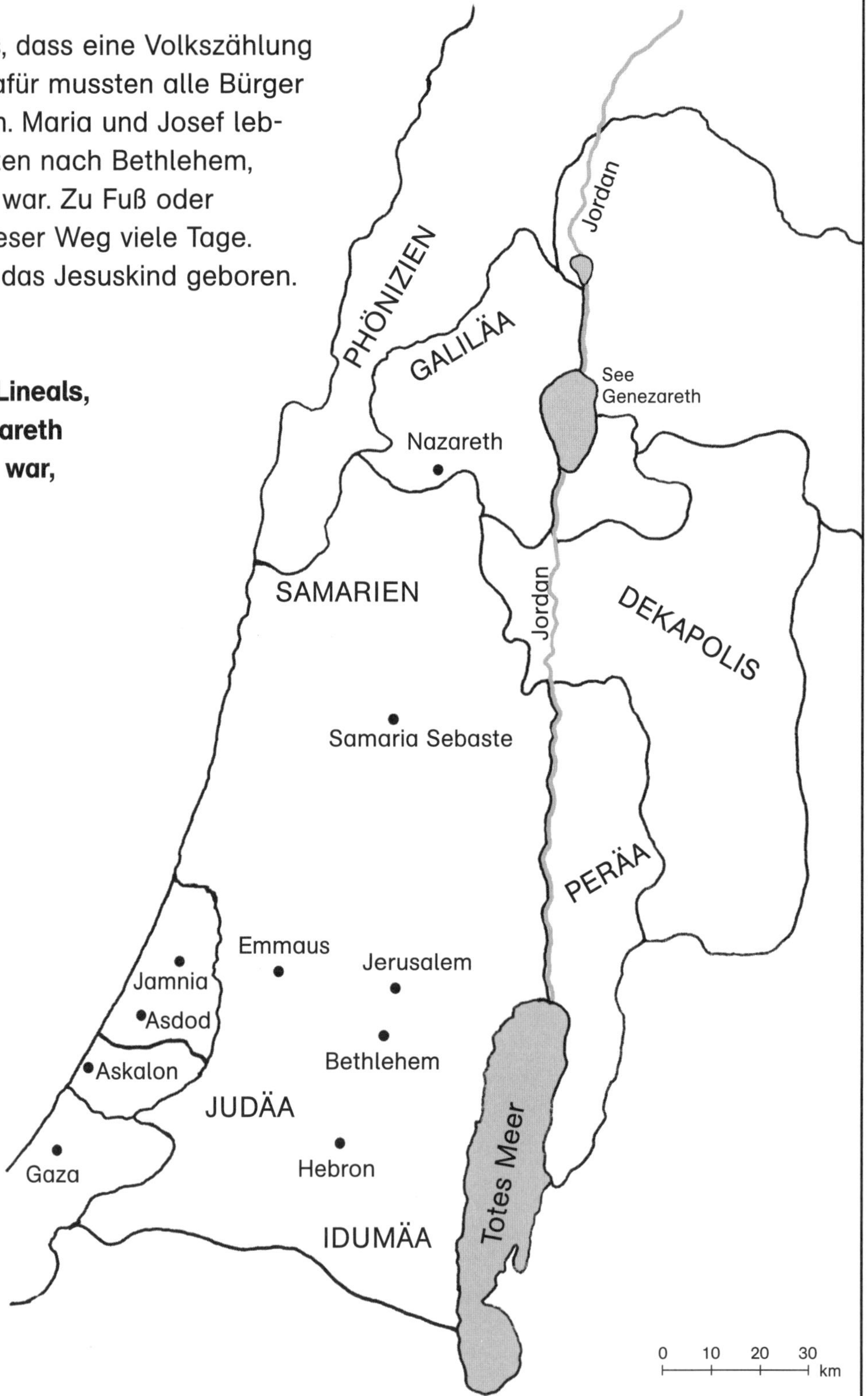

# Die Weihnachtsgeschichte

In jenen Tagen erließ Kaiser Augustus den Befehl, alle Bewohner des Reiches in Steuerlisten einzutragen. Dies geschah zum ersten Mal: damals war Quirinius Statthalter von Syrien. Da ging jeder in seine Geburtsstadt, um sich eintragen zu lassen.
So zog auch Josef von der Stadt Nazareth in Galiläa hinauf nach Judäa in die Stadt Davids, die Bethlehem heißt, denn er war aus dem Haus und Geschlecht Davids. Er wollte sich eintragen lassen mit Maria, seiner Verlobten, die ein Kind erwartete.
Als sie dort waren, kam für Maria die Zeit ihrer Niederkunft und sie gebar ihren Sohn, den Erstgeborenen. Sie wickelte ihn in Windeln und legte ihn in eine Krippe, weil in der Herberge kein Platz für sie war.
In jener Gegend lagerten Hirten auf freiem Feld und hielten Nachtwache bei ihrer Herde. Da trat der Engel des Herrn zu ihnen und der Glanz des Herrn umstrahlte sie.

Sie fürchteten sich sehr, der Engel aber sagte zu ihnen: „Fürchtet euch nicht, denn ich verkünde euch eine große Freude, die dem ganzen Volk zuteil werden soll. Heute ist euch in der Stadt Davids der Retter geboren; er ist der Messias, der Herr. Und das soll euch als Zeichen dienen: Ihr werdet ein Kind finden, das, in Windeln gewickelt, in einer Krippe liegt."
Und plötzlich war bei dem Engel ein großes himmlisches Heer, das Gott lobte und sprach: „Verherrlicht ist Gott in der Höhe und auf Erden ist Friede bei den Menschen seiner Gnade."
Als die Engel sie verlassen hatten und in den Himmel zurückgekehrt waren, sagten die Hirten zueinander: „Kommt, wir gehen nach Bethlehem, um das Ereignis zu sehen, das uns der Herr verkünden ließ."
So eilten sie hin und fanden Maria und Josef und das Kind, das in der Krippe lag. Als sie es sahen, erzählten sie, was ihnen über das Kind gesagt worden war. Und alle, die es hörten, staunten über die Worte der Hirten. Maria aber bewahrte alles, was geschehen war, in ihrem Herzen und dachte darüber nach.
Die Hirten kehrten zurück, rühmten Gott und priesen ihn für das, was sie gehört und gesehen hatten, denn alles war so gewesen, wie es ihnen gesagt worden war.

*nach dem Lukasevangelium, 2. Kapitel*

# Ein Krippenspiel (1)

*(Die Bühne ist leer, Maria und Josef machen sich auf den Weg.)*

**Vorleser:**
Es begab sich aber zu der Zeit des Kaisers Augustus, dass ein jeder in seiner Heimatstadt geschätzt werden sollte.
So machten sich auch Josef und Maria auf den Weg nach Bethlehem, denn das war Josefs Heimatstadt. Maria aber war schwanger.

**Lied:** *O Bethlehem, du kleine Stadt (1. Strophe)*

*(Maria und Josef kommen an einem Stall an, symbolisch kann eine Holzkrippe dafür auf der Bühne stehen. Maria setzt sich auf einen Stuhl, Josef steht bei ihr.)*

**Vorleser:**
Als sie angekommen waren, kam die Zeit, dass Maria gebären sollte. Sie bekam ihren Sohn, wickelte ihn in Windeln und legte ihn in eine Krippe, denn in der Herberge war kein Platz für sie.

**Lied:** *Josef, lieber Josef mein*

*(Die Hirten sitzen mit ihren Hirtenstäben Rücken an Rücken auf dem Boden und wärmen sich so. Sie reiben sich die Hände.)*

**Vorleser:**
Es waren Hirten in derselben Gegend auf dem Felde, die hüteten des Nachts ihre Herde. Da trat der Engel des Herrn zu ihnen und das Licht des Herrn leuchtete um sie.
*(Engel mit Stern an einem Stab tritt auf, hält den Stern über die Hirten.)*
Die Hirten fürchteten sich sehr. Der Engel aber sprach zu ihnen:

**Engel:**
Fürchtet euch nicht! Siehe, ich verkündige euch große Freude, die allem Volk widerfahren wird. Denn euch ist heute in der Stadt Davids der Heiland geboren, welcher ist Christus, der Herr.

**Lied:** *Vom Himmel hoch*

*(Weitere Engel stellen sich im Halbkreis um die Hirten herum.)*

# Ein Krippenspiel (2)

**Vorleser:**
Alsbald waren bei dem Engel die himmlischen Heerscharen. Sie lobten Gott und sprachen:

**Engelchor:**
Ehre sei Gott in der Höhe und Friede den Menschen auf Erden. *(Alle Engel ab.)*

**Vorleser:**
Nachdem die Engel verschwunden waren, wurden die Hirten sich schnell einig, dass sie nach Bethlehem gehen wollten.

**Lied:** *Als ich bei meinen Schafen wacht*

*(Die Hirten besprechen sich, packen z. B. einen Fellsack, Flaschen und Brot ein, ziehen Handschuhe an und gehen auf Umwegen zur Krippe.)*

**Vorleser:**
Die Hirten eilten und fanden beide, Maria und Josef; dazu das Kind, das in der Krippe lag. *(Hirten knien sich um die Krippe, legen ihre Stäbe hin, setzen die Hüte ab, falten die Hände.)* Als sie es sahen, erzählten sie, was ihnen über das Kind gesagt worden war. Und alle, die es hörten, staunten über die Worte der Hirten.

**Lied:** *Ich steh an deiner Krippe hier (Die Hirten stehen auf und singen das Lied im Stehen.)*

**Vorleser:**
Die Hirten kehrten wieder um und lobten Gott für alles,
was sie gehört und gesehen hatten.
Denn alles war so gewesen,
wie es ihnen gesagt worden war.

*(Die Hirten machen sich auf den Rückweg; währenddessen das Abschlusslied.)*

**Lied:** *Es ist ein Ros' entsprungen*

# Ein Schattenspiel

Schattenspiel A

*In einem feuchten,*
*kalten Kellerloch erwachte er.*
*Sein Röcklein war dünn,*
*er zitterte vor Kälte.*

Schattenspiel A

Schattenspiel B

*Er betastete das Gesicht*
*der Mutter und wunderte sich,*
*dass sie sich gar nicht regte*
*und so kalt wie die Wand war.*

Schattenspiel B

Schattenspiel C

*Der Kleine schleicht sich*
*an die Tür, öffnet, tritt in die Stube.*
*Hu!, wie man ihn anschreit,*
*ihm zuwinkt,*
*dass er fortgehen soll.*

Schattenspiel C

Schattenspiel D

*Aber nein, das sind Knaben und*
*Mädchen in lichten Gewändern,*
*sie fliegen ihm zu, küssen ihn,*
*nehmen ihn mit sich*
*und er selbst fliegt.*

Schattenspiel D

 

## Vorbemerkung

Diese Geschichte eignet sich gut, um Weihnachten einmal von einer anderen Seite zu betrachten. Vielen Kindern ist nicht bewusst, dass die Art, wie wir Weihnachten feiern, nicht selbstverständlich ist: Zahlreiche Menschen erleben Weihnachten auch in Not, Armut oder Trauer. Die Geschichte ist zwar schon über 100 Jahre alt, aber immer noch zutreffend und aktuell. Sie spielt in Russland, könnte sich aber auch an einem anderen Ort zutragen.

## Lehrplanbezug

**Ethik**

- Miteinander teilen
- Wir helfen anderen Kindern

**Sachunterricht**

- Miteinander leben
- Feste anderswo
- Arm und Reich

**Deutsch**

- Lesen unterschiedlicher Texte
- Szenen gestalten und spielen

## Zu den Kopiervorlagen

KV Seite 122/123

**Der Christbaum der armen Kinder**

Der Text kann gemeinsam gelesen oder vorgelesen werden. Wahrscheinlich müssen einige Wörter geklärt werden. Es ist anzunehmen, dass nicht allen Kindern sofort klar ist, was genau in der Geschichte passiert.

Mögliche Gesprächsthemen: Was passiert in der Geschichte? Was ist mit der Mutter? Warum hat der Junge keinen Platz zum Weihnachtenfeiern? Am Ende kann er endlich schlafen und trifft seine Mutter wieder. Wo ist das? (Der Autor beschreibt, dass die armen, gestorbenen Kinder im Himmel als Engel Weihnachten feiern und es ihnen dort sehr gut geht …)

**Ein Schattenspiel**

Die Geschichte kann als Schattenspiel mit Stabpuppen aufgeführt werden. Es wird aber für die Kinder und die Zuschauer interessanter, wenn die Kinder auch selbst spielen. Der folgende Vorschlag ist eine Mischung aus beidem.

Die Stabpuppen können einfache Pappschablonen sein, die wie Scherenschnitte an einem Stab befestigt sind. Den Schülern macht es sicher Spaß, diese Figuren selbst zu basteln. Eine einheitliche Größe, z. B. DIN A4, sollte besprochen werden.

Zwei weiße Bettlaken ergeben aneinandergenäht eine große Bühne und erlauben den Kindern viel Spielfreiheit.

Als Beleuchtung eignen sich Scheinwerfer (in vielen Schulen vorhanden), Baustrahler oder ausreichend helle Stehlampen. Durch buntes Licht (Scheinwerferfolie, bunte Glühbirnen) können verschiedene Stimmungen einfach erzeugt werden.

Bei einem Schattenspiel sollten der Spielabstand zur Leinwand, das Licht und die Requisiten immer mit den Kindern ausprobiert werden. Den Schülern macht es Spaß, hinter der Leinwand zu experimentieren.

An Stellen, an denen das Licht ausgemacht wird, kann z. B. ein Glockenspiel oder Xylophon kurz vorher beginnen, improvisierte Töne zu spielen, wodurch ein Zwischenapplaus vermieden und die Dunkelheit überbrückt wird.

Damit alle Kinder an dem Spiel beteiligt sind, sollten auch wichtige Funktionen wie Beleuchter, Musiker und Vorleser eingeteilt und geprobt werden.

*1. Szene (Blatt 1, Zeile 1–28)*

Das Licht geht an, ein Vorleser sitzt mit einer Extralampe neben der Leinwand. Man sieht hinter der Leinwand, z. B. auf jeweils einem Tisch, den Jungen und die Mutter liegen, mit einem Bündel unter dem Kopf. Zeitlich passend zum Text geht sich der Junge etwas zu trinken holen, sucht das Zimmer nach Brot ab, tastet seine Mutter ab. Der Junge läuft hinaus – Licht aus.

Das betonte Vorlesen mit gezielten Pausen, in denen die Kinder dazu spielen können, muss gut geübt werden.

*2. Szene (Blatt 1, Zeile 28–30)*
Licht an: Viele gut angezogene Kinder sind zu sehen, sie laufen auf der einen Bühnenhälfte langsam hin und her. Der Junge, z. B. durch immer die gleiche Kappe erkenntlich, läuft zwischen ihnen herum. Dann wird (Text: „Dann Glas! Und hinter dem Glas eine Stube!“) ein Kasten, z. B. ein Tisch mit Tischdecke, auf die freie Bühnenhälfte getragen. Licht aus.

*3. Szene (Blatt 1, Zeile 31–45)*
Licht an: Der Junge steht vor der Leinwand, schaut sich zur folgenden Szene das Stabpuppenspiel an, das auf dem hereingetragenen Kasten gespielt wird. Eine Papierschablone auf dem Tisch stellt den Weihnachtsbaum dar. Die ganze Szene findet auf dem Tisch statt. Die Kinder, die die Stabpuppen führen, sitzen hinter dem Tischtuch und sind für die Zuschauer unsichtbar. Der Junge weint vor der Leinwand. Licht aus. Szenenwechsel auf dem Kasten.

*4. Szene (Blatt 1, Zeile 46–64)*
Vier Schablonenfrauen auf dem Tisch, immer unterschiedliche Figuren tauchen auf und verschwinden wieder. Der Junge ist wieder hinter der Leinwand. Er tritt an den Tisch, alle Schablonenfrauen regen sich auf und er rennt weg. Die Kopeke kann z. B. durch einen herunterfallenden Tennisball dargestellt werden. Licht aus, Kasten weg.

*5. Szene (Blatt 1, Zeile 64 – Blatt 2, Zeile 12)*
Es sind wieder viele gut angezogene Kinder zu sehen. Der Junge läuft, in seine Hände pustend, zwischen ihnen. Bald ist der böse Bengel bei ihm. Die anderen Kinder lassen einen freien Platz in der Mitte um den Jungen und den Bengel. Nach dem Hinfallen des Jungen schreien alle Kinder auf und gehen ab. Der Junge rennt. Er versteckt sich immer wieder hinter einem großen Gegenstand. Licht aus.

*6. Szene (Blatt 2, Zeile 12 – Ende)*
Je nach Klasse wird der Rest mit Stabpuppen am Tisch oder von den Kindern selbst gespielt. Die wörtlichen Reden sollten von verschiedenen Kindern gesprochen werden.

Am Ende des Spiels kann die ganze Klasse zusammen ein bekanntes Weihnachtslied singen.

**Ein Hilfsprojekt planen**
Der Text soll dazu anregen, über die heutige Situation von anderen Kindern zur Weihnachtszeit nachzudenken. Mögliche weiterführende Gesprächsthemen:

- Armut – was ist das? Was stellst du dir darunter vor? Gibt es bei uns auch Armut?
- Es gibt Länder, in denen viele Menschen in den Wintermonaten erfrieren, weil sie kein Zuhause, zu wenig zu essen haben oder krank sind … Auch in Deutschland erfrieren jedes Jahr Menschen. In anderen Ländern ist es wiederum so heiß, dass man kein Haus zum Schutz vor Kälte braucht. Dafür sterben dort die Menschen an Unterernährung, Krankheiten, Wassermangel, Krieg …
- Was erwartest du von Weihnachten? (Im Vergleich dazu die Erwartungen des Jungen: Wärme, Essen, seine Mutter)

Ausgehend von der Geschichte lässt sich eine konkrete Hilfsaktion planen. Gemeinsam mit den Schülern kann man überlegen, welches Projekt (SOS-Kinderdorf, Heim …) man unterstützen will. Es empfiehlt sich, ein konkretes Hilfsprojekt zu unterstützen, damit die Schüler sich damit identifizieren können und zu dem abstrakten Begriff „Armut“ ein Bezug hergestellt werden kann.

Entsprechende Kontakte und Informationen können über nationale und internationale Hilfsorganisationen beschafft werden (amnesty international, pro asyl, terre des hommes, Erfragen von Informationen über örtliche Kindereinrichtungen beim Kreisjugendamt der jeweiligen Stadt oder des Landkreises).

Mögliche Aktivitäten:

- Schriftlichen Kontakt zu den Kindern aufnehmen: Briefe oder Weihnachtskarten schreiben.
- Die Kinder können einen Flohmarkt veranstalten und den Erlös spenden.
- In der Klasse können Weihnachtssterne, Transparente etc. gebastelt (siehe Seite 75–89), auf einem Weihnachtsmarkt oder Elternnachmittag verkauft und der Erlös gespendet werden.
- Es kann Schlehensaft hergestellt und verkauft werden (siehe Seite 110).
- Die Geschichte kann an einem Elternnachmittag oder vor anderen Klassen als Schattenspiel aufgeführt werden. Es ist ein etwas anderes „Weihnachtsspiel“ und sorgt bestimmt schon deswegen für Eindruck. Als „Eintritt“ können am Ende Spenden für ein bestimmtes Projekt gesammelt werden, das den Zuschauern vorgestellt wird. Die Kinder können für die Vorführung Einladungen schreiben, ein Plakat gestalten und Informationsblättchen in anderen Klassen verteilen. Vielleicht ist auch eine Aufführung auf einem Weihnachtsmarkt in der Schule möglich.

# Der Christbaum der armen Kinder (1)

Es war am frühen Morgen. In einem feuchten, kalten Kellerloch erwachte er. Sein Röcklein war dünn, er zitterte vor Kälte. In der Ecke auf dem Kasten sitzend, vergnügte er sich aus Langeweile zuzusehen, wie der Atem aus dem Munde flog. Und er trat immer wieder an die Pritsche, auf der seine kranke Mutter lag; dünn wie ein Pfannkuchen war die Streu, statt des Kissens hatte sie unter ihrem Kopf irgendein Bündel. Welches Schicksal führte sie hierher? Wahrscheinlich war sie mit ihrem Knaben aus einer anderen Stadt gekommen und plötzlich erkrankt …

Feiertag war vor der Tür, deshalb hatten sich die anderen Kellerbewohner entfernt.

Zu trinken hatte er sich im Hausflur beschafft, aber nirgends konnte er ein Krustchen Brot finden. Er betastete das Gesicht der Mutter und wunderte sich, dass sie sich gar nicht regte und so kalt wie die Wand war. Wie kalt ist es hier, dachte er, indem seine Hand auf der Schulter der Toten ruhte. Plötzlich läuft er hinaus. Kälte, Schnee und vermummte Menschen. Dann Glas! Und hinter dem Glas eine Stube! Und in der Stube ein Baum bis zur Decke – das ist ein Christbaum mit vielen goldenen Papierchen und Äpfeln! Um den Christbaum liegen Püppchen und kleine Pferdchen. In der Stube laufen Kinder, geputzt, reinlich – und sie lachen und spielen und essen und trinken. Der arme Knabe sieht das alles, wundert sich und lacht. Jetzt aber fangen ihm die Zehen an den Füßen zu schmerzen an und die Hände sind ganz rot geworden, die Finger biegen sich nicht mehr und schmerzen beim Bewegen. Da fängt der Knabe bitterlich zu weinen an und läuft weiter.

Durch ein anderes Glas sieht er wieder eine Stube, mit Christbäumen ausgeschmückt; auf den Tischen liegen Kuchen allerlei Art, Mandelkuchen, rote, gelbe Kuchen. Es sitzen da vier reich geputzte Damen. Jedem, der kommt, geben sie Kuchen, und die Tür geht fortwährend auf; es kommen von der Straße viele Herrschaften herein. Der Kleine schleicht sich an die Tür, öffnet, tritt in die Stube. Hu!, wie man ihn anschreit, ihm zuwinkt, dass er fortgehen soll. Eine der Damen tritt schnell an ihn heran, steckt ihm ein Kopekchen zu und macht die Tür zur Straße auf. Wie der Kleine erschrickt! Das Kopekchen rollt auf die Straße – er kann ja, um es zu halten, seine Finger nicht biegen. Schnell läuft er fort, wohin, weiß er selbst nicht. Und er läuft, läuft und pustet in die Hände.

 

# Der Christbaum der armen Kinder (2)

Plötzlich scheint es ihm, als ob jemand von hinten an sein Röckchen greife, und da steht auf einmal ein großer, böser Bengel neben ihm, schlägt ihm auf den Kopf, reißt ihm die Mütze ab und stellt ihm ein Bein. Er fällt auf die Erde. Die Leute schreien auf. Und da erschrickt er, springt in die Höhe und läuft, läuft – wohin, weiß er selber nicht – auf einen fremden Hof und verbirgt sich hinter dem aufgestapelten Holz.

Hier ist's dunkel, denkt er, hier findet man ihn nicht. Er kauert sich zusammen, vor Angst kann er kaum atmen. Auf einmal wird es ihm so leicht, Hände und Füße schmerzen nicht mehr, Wärme durchdringt seinen Körper, so warm fühlt er sich wie auf dem Ofen. Und jetzt wieder schauert er zusammen – er ist eingeschlafen.

Wie gut es hier ist zu schlafen. Und im Traum wird es ihm, als singe über ihm seine Mutter ein Wiegenlied. Mütterchen, ich schlafe. Ach, es ist hier so gut zu schlafen.

„Komm zu mir zum Christbaum, Knabe“, sagt über ihm eine sanfte Stimme. Der Kleine denkt, seine Mutter rufe ihm zu, aber nein, sie ist es nicht. Jemand beugt sich zu ihm und umschlingt ihn in der Dunkelheit. Und was für ein Licht glänzt ihm entgegen! Oh, was für ein Christbaum! Aber nein, es ist kein Christbaum. Noch nie hat er solch einen Baum gesehen. Alles glänzt, alles blitzt und ringsherum lauter Püppchen. Aber nein, das sind Knaben und Mädchen in lichten Gewändern, sie fliegen ihm zu, küssen ihn, nehmen ihn mit sich und er selbst fliegt. Seine Mutter sieht ihn an und lächelt freudig. Mutter! Mutter! Ach, wie gut ist es hier, Mutter! Und wieder küssen ihn die Kinder.

„Wer seid ihr, Knaben? Und wer seid ihr, Mädchen?“, fragt er lächelnd.

„Dies ist Christi Weihnachtsbaum“, antworten sie ihm. „An diesem Tag hat Christus immer einen Weihnachtsbaum für die Kinder, welche auf Erden keinen Baum haben.“

Und der Kleine hört, dass die Knaben und Mädchen solche Kinder gewesen sind wie er selbst! Und alle sind jetzt hier, alle beim Christ, der ihnen seine Hände entgegenhält, der sie und ihre armen Mütter segnet.

*Fjodor Dostojewskij (1821–1881)*

## Weihnachten – Zeit der Gewürze

Gewürze A

Gewürze A

Gewürze B

Gewürze B

Gewürze C

Gewürze C

Gewürze D

Gewürze D

## Vorbemerkung

Gewürze sind ein meist unbeachteter und für eine Selbstverständlichkeit genommener Aspekt der Advents- und Weihnachtszeit. Bei genauerem Hinsehen erweisen sie sich aber als ausgesprochen interessant und vielfältig und eignen sich gut als Unterrichtsthema. Sie machen ein Lernen mit allen Sinnen wirklich möglich. Geschmacks- und Geruchssinn werden ebenso angesprochen wie die Augen und der Tastsinn.

Im Folgenden sind – außer dem Fenchel – alle Gewürze genauer beschrieben, aus denen sich das klassische Lebkuchen- oder „Pfefferkuchen"-Gewürz, auch bekannt unter dem Namen „Neunerlei", zusammensetzt. Je nach Interesse der Schüler, Zeit und Möglichkeiten können natürlich noch mehr Weihnachtsgewürze hinzugenommen werden.

## Lehrplanbezug

**Ethik**

- Elemente gelebter Kultur wahrnehmen
- Der Welt begegnen, sie wahrnehmen

**Sachunterricht**

- Besonderheiten, Unterschiede und Gemeinsamkeiten von Kulturen früher und heute erkennen
- Kenntnisse über die historische Entwicklung einzelner Aspekte des eigenen Lebensraums gewinnen

## Anregungen für den Unterricht

- Bringen Sie verschiedene Gewürze zum Riechen und Probieren mit.
- Man kann eine Lern- und Erlebnistheke zu den Gewürzen aufbauen. Als Stationen eignen sich: unterschiedliche Gewürze zum Riechen und Probieren, Arbeitsblätter zu den Gewürzen, Würfelspiel …
- Im Klassenzimmer kann, z.B. im Morgenkreis, eine Duftlampe mit den unterschiedlichsten Gerüchen aufgestellt werden.
- Weihrauch (in Kerzenläden erhältlich) können Sie einfach in einem Metallschälchen verbrennen. Myrrhe bekommt man in der Apotheke (siehe auch Seite 18/19 „Die Heiligen Drei Könige").
- Auf einer Weltkarte können Sie mit den Kindern betrachten, woher die Gewürze kamen, und den Verlauf der Gewürzstraße verfolgen.
- Rezepte (Seite 104–109)
- Zitrus-Schmuck (Seite 88)
- Einen Rundgang über den Weihnachtsmarkt machen („Markt der Sinne", Seite 14)
- In vielen Botanischen Gärten gibt es eine Gewürzabteilung, die einen Besuch lohnt.

## Zu den Kopiervorlagen

KV Seite 126

**Was riecht denn da?**
Hier geht es vor allem um Historisches: Seit wann gibt es bei uns Gewürze? Wer konnte sich früher Gewürze leisten? Auf welchem komplizierten Weg gelangten sie zu uns?

KV Seite 127

**Was riecht denn da? (Arbeitsblatt)**
Neben Fragen zur Textkenntnis geht es hier auch um eigene Erfahrungen, die die Kinder mit Düften und Gewürzen gemacht haben.

KV Seite 128–130

**Weihnachtsgewürze**
Auf diesen Seiten werden ausführlichere Darstellungen und Abbildungen der Gewürze Anis, Ingwer, Kardamom, Koriander, Pfeffer, Zimt, Nelken und Muskat präsentiert.

KV Seite 131–136

**Die Gewürzkarawane**
Die Kinder können über die abgedruckten Spielregeln hinaus oder davon abweichend eigene Regeln erfinden, auf die sie sich aber vor Spielbeginn einigen sollten.

# Was riecht denn da?

Ist dir schon einmal aufgefallen, dass es in der Advents- und Weihnachtszeit ganz anders riecht als im restlichen Jahr? Wenn man wieder Mandarinen und Orangen einkauft, der Adventskranz, Tannenzweige und der Weihnachtsbaum frischen Waldgeruch in die Zimmer bringen, wenn es nach Kerzen und Räuchermännchen riecht? Und dann, nicht zu vergessen, all die Plätzchen, die so köstlich duften!

Doch woher kommt dieser würzige, angenehme Duft und der leckere Geschmack? Es sind die unterschiedlichsten Gewürze, die die Weihnachtsbäckerei schon in winzigen Mengen zu einer Freude für die Nase und den Gaumen verzaubern. Was wäre die Weihnachtsbäckerei ohne Gewürze – ohne Zimt, Nelken, Anis …? Rein gar nichts wäre sie!

Gewürze verwenden die Menschen schon seit Tausenden von Jahren.

Sie gehören zu den ältesten Handelsgütern der Welt, verursachten Kriege, beeinflussten Weltherrschaften und begründeten einen weltweiten Handel. Ganz zu schweigen von all den Gerichten, Düften und Geschmacksvarianten, die sie möglich gemacht haben.

Wir Europäer lernten den Gebrauch von Gewürzen eigentlich erst zur Römerzeit, das ist jetzt ungefähr 2200 Jahre her. Allerdings gab es Gewürze damals nur für sehr reiche Menschen. Könige und Fürsten konnten sie bezahlen. Reichtum konnte man zu dieser Zeit also an der Verwendung von Gewürzen erkennen. Das kommt daher, dass die meisten Gewürze (gerade auch die, die bei uns in der Weihnachtszeit so beliebt sind) von sehr weit her kommen.

Man sagt, dass die „Wiege der Gewürze“ in Indien liegt. Dass bedeutete früher, dass die Gewürze mit einfachen Schiffen über das Meer nach Ceylon (heute: Sri Lanka) gebracht werden mussten. Dort wurden sie von den Indern an arabische Händler verkauft und auf deren Schiffe umgeladen. Am Roten Meer entlud man die Schiffe wieder und packte die Waren auf Kamelrücken um. In großen Karawanen zogen sie nun durch die Wüste nach Alexandria oder Konstantinopel (heute: Istanbul).

Dort begann wieder der Schiffstransport, diesmal nach Venedig oder Genua. Endlich in Europa angekommen, wurden die Gewürze auf Planwagen verladen und in ihre Bestimmungsstädte gebracht. Diese ganze Reise dauerte viele Monate. Man nennt den Weg, den die Gewürze zurücklegten, die „Gewürzstraße“.

Gerade zur Zeit um Christi Geburt war es in arabischen Ländern üblich, dass sich die Könige bei ihren Besuchen Gewürze schenkten. Sie waren wertvoller als Gold. So brachten auch die Heiligen Drei Könige dem Christkind nach Bethlehem Gold, Weihrauch und Myrrhe (ein Gewürz), um ihm ihre Hochachtung zu zeigen.

Name:

# Was riecht denn da?

**1. Lies den Text und unterstreiche Wörter, die dir unbekannt sind.**

**2. Welche Düfte und Gerüche gibt es vor allem in der Weihnachtszeit? Schreibe mindestens vier davon auf.**

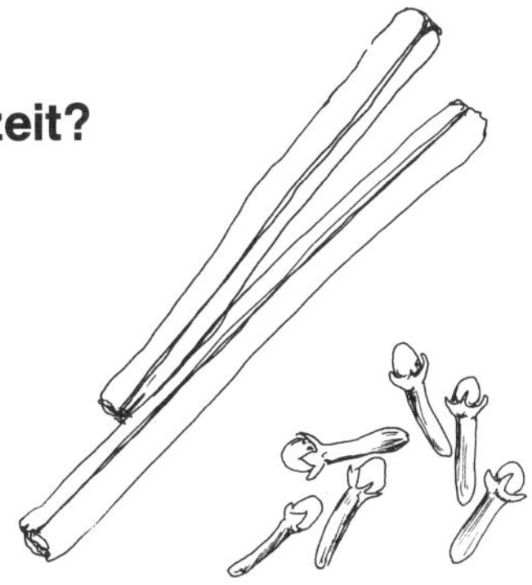

______________________________

______________________________

**3. Fallen dir noch andere Düfte und Gerüche ein, die du magst? Schreibe sie auf.**

______________________________

______________________________

**4. Warum konnten sich bei uns früher nur reiche Menschen Gewürze leisten? Schreibe drei ganze Sätze.**

______________________________

______________________________

______________________________

**5. Welche Gewürze kennst du? Schreibe sie auf.**

______________________________

______________________________

**6. Welches Land wird als „Wiege der Gewürze" bezeichnet? Schreibe es auf.**

______________________________

# Weihnachtsgewürze (1)

**Anis**

Anis ist eine einjährige Pflanze und wird ca. 60 cm hoch. Man verwendet die getrockneten Samenkörner. Anis stammt aus dem Vorderen Orient, ist aber schon lange überall am Mittelmeer beheimatet. Er ist eines der ältesten Gewürze, die es gibt.
Er wird verwendet:

- für Lebkuchen, Honigkuchen, Pfeffernüsse, Anisplätzchen, Brot, Marmeladen
- in der Medizin als Tee und gegen Erkältungskrankheiten
- zur Schnapsgewinnung

**Ingwer**

Ingwer ist der getrocknete Wurzelstock einer Lilienart. Man verwendet ihn in kleinen Stückchen oder als Pulver. Der Ingwer stammt wahrscheinlich aus China und Indien, wird heute aber in vielen tropischen Ländern angebaut. Ingwer kam zur Zeit der Römer nach Europa.
Er wird verwendet für:

- Lebkuchen, Printen, Ingwerstäbchen mit Schokolade, als kandierte Frucht, Marmelade
- Tee, Gingerale

**Kardamom**

Kardamom ist eine schilfartige Staudenpflanze. Man verwendet die getrockneten, kleinen grünen Fruchtkapseln.
Der Kardamom stammt ursprünglich aus Indien und ist eines der ältesten und teuersten Gewürze.
Er wird verwendet:

- für Lebkuchen, Hefegebäck, Kuchen
- als Kaffeezusatz in allen arabischen Ländern

 

# Weihnachtsgewürze (2)

**Koriander**

Koriander ist eine einjährige Pflanze. Man verwendet die getrockneten Samenkörner.

Ursprünglich stammt der Koriander aus Südeuropa und dem Mittleren Osten, wächst heute aber fast überall auf der Welt.

Koriander ist ein sehr altes Gewürz und wurde schon im Alten Testament erwähnt.

Verwendet wird es für:

- Lebkuchen, Plätzchen, Brot
- Gemüse, Fleischgerichte und Fisch

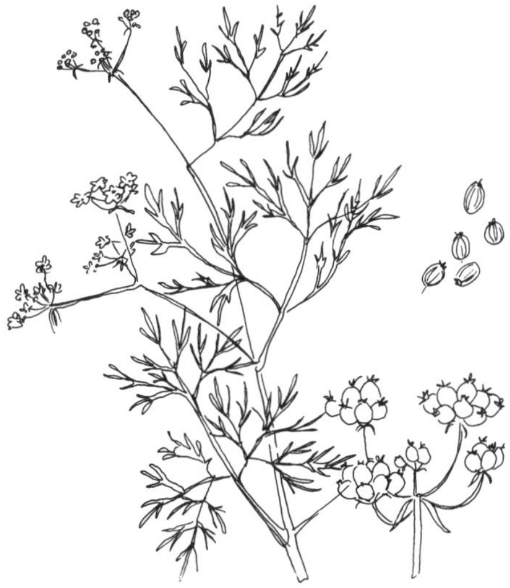

**Pfeffer**

Pfeffer wächst an Sträuchern, ähnlich wie bei uns Johannisbeeren. Man verwendet die getrockneten Pfefferkörner.

Ursprünglich stammt Pfeffer aus Indien und war früher sehr teuer. Pfeffer wurde mit Gold aufgewogen, hatte also einen gepfefferten Preis. Die Pfefferhändler nannte man deswegen auch Pfeffersäcke.

Zur Römerzeit kam der Pfeffer nach Europa.

Verwendung für:

- Pfefferkuchen, Lebkuchen
- salzige und scharfe Gerichte

**Zimt**

Als Zimt bezeichnet man die Innenrinde des Zimtbaumes. Diese wird abgeschabt, aufgerollt und getrocknet und zum Teil zu Pulver gemahlen.

Der edelste Zimt kommt aus Ceylon. Er war in China schon vor mehr als 4000 Jahren bekannt, später dann auch in Europa.

Verwendet wird er für Lebkuchen, Zimtsterne, Plätzchen, Glühwein, Kinderpunsch, Süßspeisen und Schokolade.

In vielen Ländern würzt man damit auch herzhafte Gerichte.

# Weihnachtsgewürze (3)

**Nelken**

Nelken wachsen am Gewürznelkenbaum, der 20 m hoch und bis zu 100 Jahre alt werden kann.

Man verwendet die getrockneten Blütenknospen.

Ursprünglich stammen die Nelken von den Molukken und werden auch heute nur auf wenigen anderen Inseln angebaut.

Nelken sind ein altes Gewürz, wurden in Europa aber erst lange nach Christi Geburt bekannt.

Verwendet werden sie für:

- Lebkuchen, Plätzchen, Kinderpunsch, Glühwein
- Kosmetikprodukte, Raumduft

**Muskat**

Muskat wächst am 10–15 m hohen Muskatbaum.

Man verwendet die getrockneten Blüten und Nüsse.

Ursprünglich stammt Muskat von den Molukken und hat zunächst keine sehr weite Verbreitung gefunden. Muskat kam im 9. Jahrhundert n. Chr. nach Europa und wurde schnell zum Modegewürz – selbst das Bier blieb von Muskat nicht verschont.

Man verwendet es für:

- Lebkuchen, Plätzchen
- Kartoffelgerichte, Suppen, Fleisch

In der Medizin wurde es früher als Droge eingesetzt.

Vorsicht: Muskat in größeren Mengen (ein bis vier Nüsse) ist giftig und kann tödlich sein.

# Die Gewürzkarawane

Spielanleitung für 3 bis 6 Spieler

**Ihr braucht:**

- den Spielplan, einen Würfel, eine Spielfigur pro Mitspieler, einen Stapel mit verdeckten Ereigniskarten, die Spielbank mit Wassersäcken, Goldsäcken, Gewürzsäcken und Kamelkarten
- Ein Spieler verwaltet die Spielbank. Er teilt am Anfang das Startkapital für jeden aus: zwei Kamelkarten, zwei Gewürzsäcke, drei Wassersäcke und drei Goldsäcke.

**So geht's:**

- Es beginnt der Spieler, der die höchste Augenzahl würfelt. Dann geht es reihum.
- Nach einer Sechs darf nicht noch einmal gewürfelt werden.
- Es haben mehrere Spieler auf einem Feld Platz, es wird also nicht rausgeworfen.
- Alle Ereignisse auf den Feldern und Karten müssen befolgt werden.

- Am Spielende musst du mit einer passenden Zahl ins Ziel. Erst wenn alle Spieler im Ziel sind, wird der Sieger durch die Spielauswertung ermittelt.
- Jedes Kamel (also jede Kamelkarte) kann höchstens zwei Säcke Wasser tragen. Wenn du mehr als doppelt so viele Wassersäcke wie Kamele hast, musst du die Hälfte der Wassersäcke abgeben (bei ungeraden Zahlen abrunden).
- Wer kein Wasser mehr hat, muss zur nächstgelegenen Wasserstelle zurück und dort einmal aussetzen. Dafür bekommt er zwei Säcke Wasser.
- Wer kein Gold mehr hat und etwas bezahlen muss, geht fünf Felder zurück, setzt einmal aus und bekommt einen Sack Gold.
- Jedes Mal, wenn du dran bist, kannst du für drei Goldsäcke einen Sack Gewürze kaufen und für zwei Goldsäcke ein Kamel.

**Spielauswertung:**

- Der Spieler, der zuerst ins Ziel kommt, bekommt drei Punkte.
- Der Spieler, der als Zweiter ins Ziel kommt, bekommt zwei Punkte.
- Der Spieler, der als Dritter ins Ziel kommt, bekommt einen Punkt.
- Alle weiteren Spieler erhalten keinen Punkt.
- Außerdem bekommt man im Ziel für jeden Gewürzsack vier Punkte, für jedes Kamel drei Punkte und für jeden Goldsack einen Punkt.
- Der Spieler mit den meisten Punkten hat gewonnen.

# Die Gewürzkarawane

Ereigniskarten

✂

| | | |
|---|---|---|
| Deine Karawane wird überfallen. Mit Mühe kannst du dein Leben retten, verlierst allerdings ein Kamel, zwei Wassersäcke und einen Gewürzsack. Gib sie zurück an die Spielbank. | Ein Sandsturm hält deine Karawane auf. Setze einmal aus. | Deine Karawane kommt in eine Trockenzeit. Zahle zwei Wassersäcke. |
| Eines deiner Kamele stolpert und bricht sich ein Bein. Du musst es zurücklassen. | Du bekommst von einem deiner Mitspieler eine beliebige Wertkarte. Suche sie dir aus. | Bei einem Kamelrennen gewinnst du zwei Säcke Gold und ein Kamel. |
| Du kannst einer fremden Karawane behilflich sein und bekommst dafür ein Kamel und einen Goldsack. | Dein Kamelführer ist erkrankt. Für seine Heilung musst du einmal aussetzen und einen Sack Gold zahlen. | Du kannst für einen Sack Gold ein neues Kamel kaufen, musst aber nicht. |
| Deine Karawane hat gute Witterungsverhältnisse. Ihr kommt schneller voran als geplant. Rücke fünf Felder vor. | Bei einer Wette mit anderen Kameltreibern gewinnst du einen Sack Gewürze. | Deine Karawane hat sich verlaufen. Zahle zwei Säcke Wasser und setze einmal aus. |
| Du siehst eine Fata Morgana und läufst in die falsche Richtung. Zahle zwei Säcke Wasser. | Dir kommt eine Wanderdüne entgegen. Gehe fünf Felder zurück. | Dir läuft ein herrenloses Kamel mit zwei Wassersäcken und einem Sack Gold zu. Du kannst alles behalten. |

# Die Gewürzkarawane

Kamelkarten und Wassersäcke

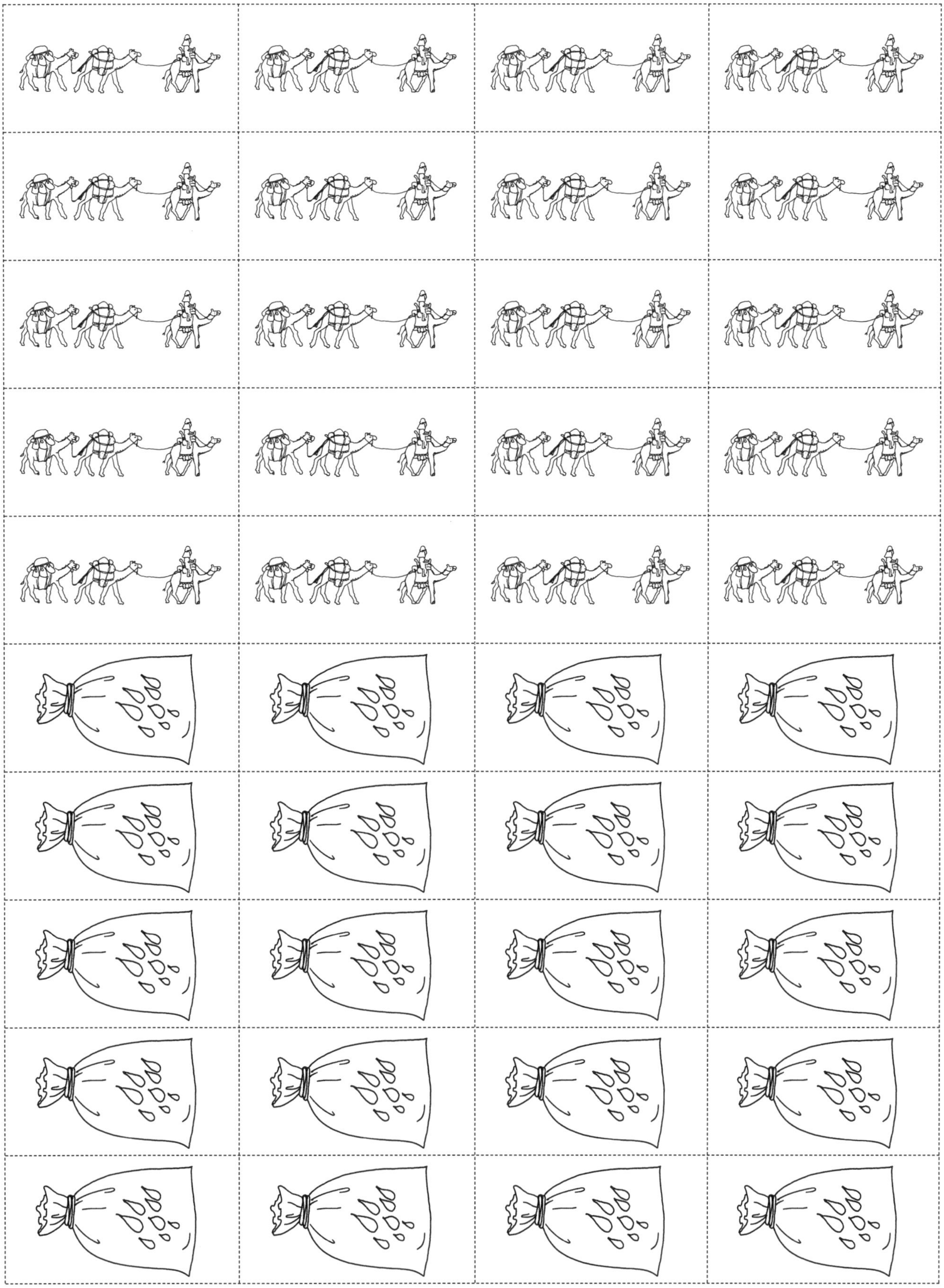

# Die Gewürzkarawane

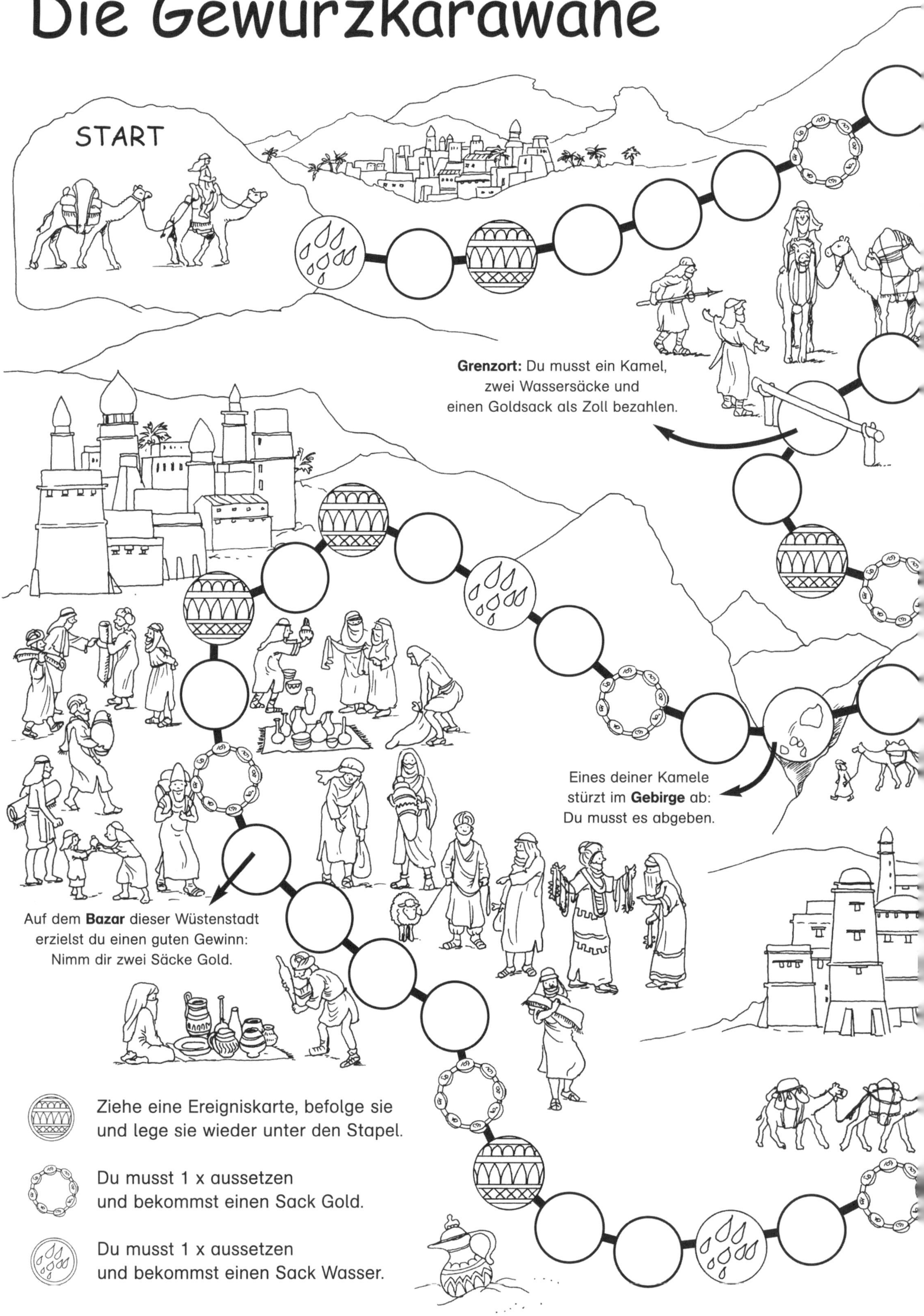


Ziehe eine Ereigniskarte, befolge sie und lege sie wieder unter den Stapel.

Du musst 1 x aussetzen und bekommst einen Sack Gold.

Du musst 1 x aussetzen und bekommst einen Sack Wasser.

Ruhe dich in der **Oase** aus: Setze einmal aus und nimm zwei Wassersäcke mit.
In dieser **Goldmine** waren deine Arbeiter fleißig: Nimm dir zwei Säcke Gold.
ZIEL

# Die Gewürzkarawane

Gewürz- und Goldsäcke

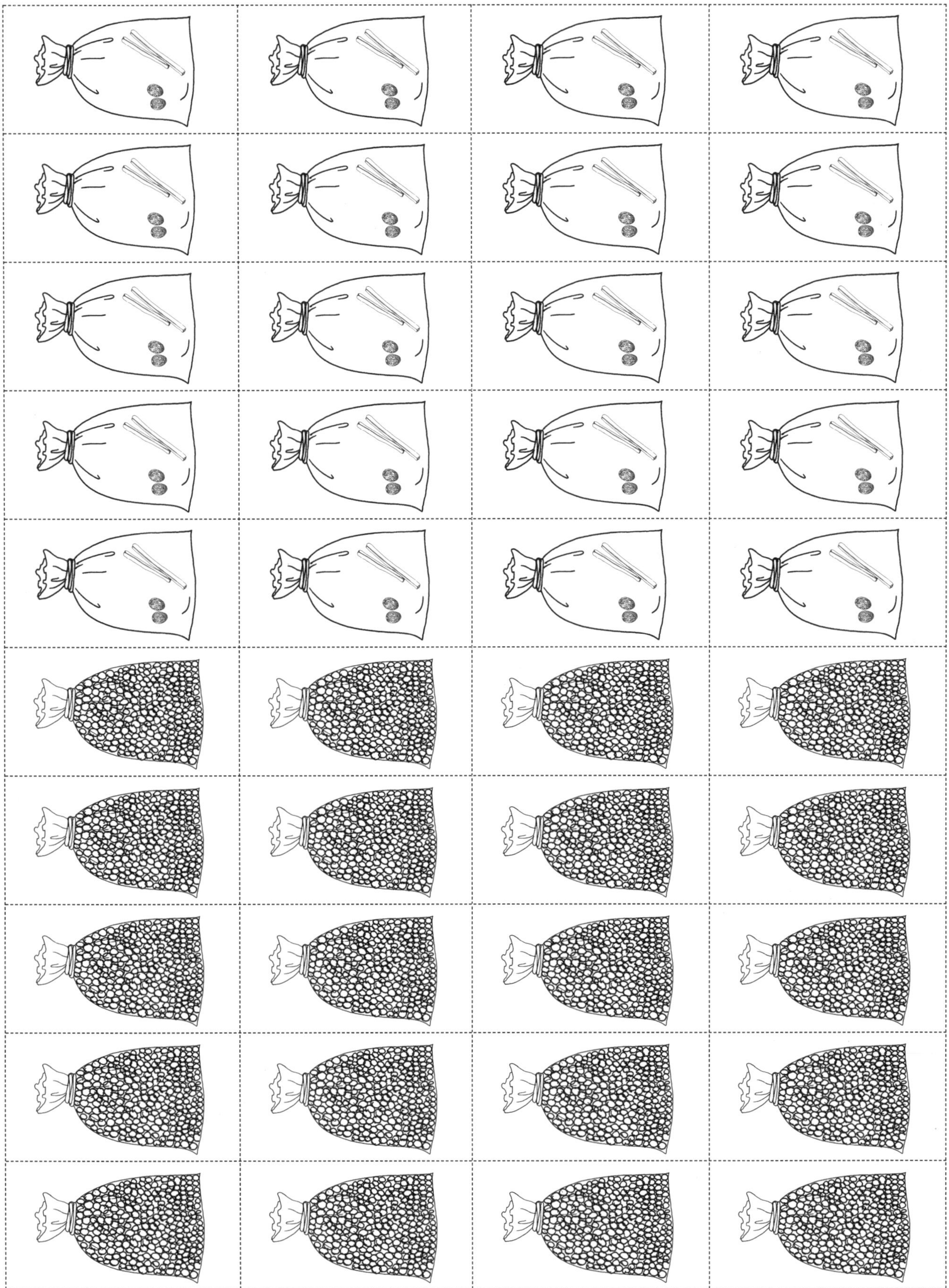

 